Suhrkamp BasisBibliothek 43

Diese Ausgabe der »Suhrkamp BasisBibliothek – Arbeitstexte für Schule und Studium« bietet nicht nur Ödön von Horváths bekanntes Volksstück *Italienische Nacht* samt den Varianten, sondern auch einen Kommentar, der alle für das Verständnis des Buches erforderlichen Informationen enthält: eine Zeittafel, die Entstehungs- und Textgeschichte, die Aufführungsgeschichte, Deutungsansätze, Literaturhinweise sowie Wort- und Sacherläuterungen mit Hinweisen zu den historisch-politischen und ästhetischen Voraussetzungen des Stücks. Der Kommentar ist entsprechend den neuen Rechtschreibregeln verfasst.

Zu ausgesuchten Titeln der Suhrkamp BasisBibliothek erscheinen im Cornelsen Verlag Hörbücher und CD-ROMs. Weitere Informationen erhalten Sie zum Ortstarif unter der Nummer 0180/12120 und online unter www.cornelsen.de.

Dieter Wöhrle, geboren 1954, lebt und arbeitet in Allensbach. Veröffentlichungen u. a. zu Ödön von Horváth (SBB 26, SBB 28), Bertolt Brecht (SBB 1) und Karl Valentin.

Ödön von Horváth
Italienische Nacht

Volksstück [in sieben Bildern]

Mit einem Kommentar
von Dieter Wöhrle

Suhrkamp

Das vorliegende Bühnenstück folgt der Ausgabe:
Ödön von Horváth, *Italienische Nacht*, in: Ödön von Horváth, *Gesammelte Werke. Kommentierte Werkausgabe in Einzelbänden.*
Herausgegeben von Traugott Krischke unter Mitarbeit von Susanna Foral-Krischke, Band 3.
Frankfurt am Main: Suhrkamp Verlag 2001 (= suhrkamp taschenbuch 3335), S. 61–138.

Originalausgabe
Suhrkamp BasisBibliothek 43
Erste Auflage 2003

Satz: Pagina GmbH, Tübingen
Druck: Ebner & Spiegel, Ulm
Umschlagfoto: ullstein bild
Umschlaggestaltung: Hermann Michels
Printed in Germany

1 2 3 4 5 6 – 08 07 06 05 04 03

Inhalt

Italienische Nacht

⌜Volksstück⌝ [in sieben Bildern]

Personen: Stadtrat · Kranz · Engelbert · Betz · Wirt · Karl · Martin · ⌜Martins Kameraden⌝ · Ein Kamerad aus Magdeburg · ⌜Ein Faschist⌝ · Der Leutnant · Der Major · Czernowitz · Adele · Anna · Leni · Die Dvorakische · Zwei Frauenzimmer · Frau Hinterberger · Geschwister Leimsieder · Republikaner und Faschisten

Ort: ⌜Süddeutsche Kleinstadt⌝

Zeit: ⌜1930–?⌝

Erstes Bild

⌜Im Wirtshaus des Josef Lehninger⌝. Kranz, Engelbert und der Stadtrat Ammetsberger spielen ⌜Tarock⌝. ⌜Karl kiebitzt.⌝ Betz trinkt zufrieden sein Bier. Martin liest die Zeitung. Der Wirt bohrt in der Nase. Es ist Sonntag vormittag, und die Sonne scheint.
Stille.

BETZ Martin. Was gibts denn Neues in der großen Welt?

MARTIN Nichts. Daß das Proletariat die Steuern zahlt, und daß die Herren Unternehmer ⌜die Republik⌝ prellen, hint und vorn, das ist doch nichts Neues. Oder?

BETZ *leert sein Glas.*

MARTIN Und daß die Herren ⌜republikanischen Pensionsempfänger⌝ kaiserlich reaktionäre Parademärsch veranstalten mit Feldgottesdienst und Kleinkaliberschießen, und daß ⌜wir Republikaner⌝ uns das alles gefallen lassen, ⌜das ist doch auch nichts Neues. Oder?⌝

BETZ Wir leben in einer demokratischen Republik, lieber Martin.

Jetzt zieht draußen eine ⌜Abteilung Faschisten⌝ mit Musik vorbei. Alle, außer Stadtrat und Wirt, treten an die Fenster und ⌜sehen sich stumm den Zug an⌝ – erst als er vorbei ist, rühren sie sich wieder.

STADTRAT *mit den Karten in der Hand:* Von einer ⌜akuten Bedrohung der demokratischen Republik kann natürlich keineswegs gesprochen werden. Schon weil es der Reaktion⌝ an einem ⌜ideologischen Unterbau⌝ mangelt.

ENGELBERT Bravo!

STADTRAT Kameraden! Solange es einen ⌜republikanischen Schutzverband⌝ gibt, und solange ich hier die Ehre habe, ⌜Vorsitzender der hiesigen Ortsgruppe⌝ zu sein, solange kann die Republik ruhig schlafen!

MARTIN Gute Nacht!

KRANZ Ich möchte das Wort ergreifen! Ich möchte jetzt etwas vorschlagen! Ich möchte jetzt dafür plädieren, daß wir jetzt wieder weitertarocken und uns nicht wieder stören lassen von diesen germanischen Hoftrotteln samt ihrem sogenannten ⌜deutschen Tag⌝!

ENGELBERT Samt ihrem ⌜Dritten Reich⌝!

STADTRAT Einstimmig angenommen! *Er mischt und teilt aus.*

KARL Wie ist das ⌜eigentlich⌝ heut nacht?

STADTRAT Was denn?

KARL Na in bezug auf ⌜unsere italienische Nacht⌝ heut nacht –

STADTRAT *unterbricht ihn:* Natürlich steigt unsere italienische Nacht heut nacht! Oder glaubt denn da wer, daß es sich der republikanische Schutzverband von irgendeiner reaktionären Seite her verbieten lassen könnt, hier bei unserem Freunde Josef Lehninger eine italienische Nacht zu arrangieren, und zwar wann e r will? Unsere republikanische italienische Nacht steigt heute nacht trotz ⌜Mussolini⌝ und Konsorten*! Karo As! *Er spielt aus.*

(abwertend) Mitbeteiligte, Mitstreiter

ENGELBERT Daß du das nicht weißt!

KARL Woher soll ich denn das wissen?

BETZ Ich habs doch bereits offiziell verkündet.

ENGELBERT Aber der Kamerad Karl war halt wieder mal nicht da. Eichel*!

Farbe einer Tarockspielkarte

KARL Ich kann doch nicht immer da sein.

ENGELBERT Sogar beim letzten Generalappell war er nicht da vor lauter Weibergeschichten!

KRANZ Solo*!

Variante des Tarockspiels

STADTRAT ⌜Bettel⌝!

ENGELBERT Aus der Hand?

STADTRAT Aus der hohlen Hand!

KARL *zu Betz:* Soll ich mir das jetzt gefallen lassen? Das mit den Weibergeschichten?

BETZ Du kannst es doch nicht leugnen, daß dich die Weiber von deinen Pflichten gegenüber der Republik abhalten –

KARL Also das sind doch meine intimsten privaten Interessen, muß ich schon bitten. Und zwar energisch!

Jetzt zieht draußen abermals eine Abteilung Faschisten mit Musik vorbei. – Alle lauschen, aber keiner tritt an das Fenster.

⌜*Stille*⌝.

BETZ ⌜Es ist halt alles relativ.⌝

MARTIN Aber was! Eine Affenschand ist das! Während sich die Reaktion bewaffnet, veranstalten wir braven Republikaner italienische Nächt!

BETZ Eigentlich ist es ja unglaublich, daß die Reaktion derart erstarkt*. Vgl. Erl. zu 9,24–27.

MARTIN Einen Dreck ist das unglaublich! Das konnt man sich ja direkt ausrechnen – wer die wirtschaftliche Macht hat, hat immer recht, bekanntlich. Aber ihr vom Vorstand scheint das nicht zu wissen. Noch bild ich es mir ein, daß ihr wissen wollt, aber ab und zu fällt es mir schon recht schwer –

ENGELBERT Hoho!

BETZ Du bist halt ein Pessimist.

MARTIN Ein Dreck bin ich.

STADTRAT Und außerdem ist er ein Krakeeler*! Ein ganz ein gewöhnlicher Krakeeler. Schreihals

Stille.

MARTIN *erhebt sich langsam:* Herr Stadtrat. Sag einmal, Herr Stadtrat, kennst du noch einen gewissen ⌜Karl Marx⌝?

STADTRAT *schlägt auf den Tisch:* Natürlich kenn ich meinen Marx! Und ob ich meinen Marx kenn! Und außerdem verbitt ich mir das!

ENGELBERT Sehr richtig!

KRANZ Solo!

STADTRAT Oder glaubst denn du, du oberflächlicher Phantast, daß kurz und gut mit der Verwirklichung des Marxismus kurz und gut das Paradies auf Erden entsteht?

MARTIN ⌜Was du unter kurz und gut verstehst⌝, das weiß ich nicht. Ich weiß auch nicht, was du unter Paradies verstanden haben willst, aber ich kanns mir lebhaft ausmalen, was du unter Marxismus verstehst. Verstanden? ⌜Was ich darunter versteh, daran glaube ich.⌝

KRANZ Solo, Herrgottsakrament! *Er spielt aus.*

Stille.

BETZ Weißt du, was ich nicht kann?

MARTIN Nein.

BETZ Ich kann nicht glauben.

Stille.

MARTIN Das glaub ich gern, daß du nicht glauben kannst. Du kannst nicht glauben, weil du nicht mußt. Du bist ja auch kein Prolet, du pensionierter Kanzleisekretär –

BETZ Ich bin zwar ⌜Kanzleiobersekretär⌝, aber das spielt natürlich keine Rolle.

MARTIN Natürlich.

BETZ Das ist gar nicht so natürlich!

MARTIN *sieht ihn verdutzt an:* Geh, so leck mich doch am Arsch! *Rasch ab mit seiner Zeitung.*

STADTRAT Ein feiner Mann –

Stille.

WIRT Obs wieder regnen wird? Jedesmal, wenn ich ⌜eine Sau abstich⌝, versaut mir das Wetter die ganze italienische Nacht.

BETZ Das glaub ich nicht.

WIRT Warum? Weil es Ihr seid?

BETZ Nein. Sondern weil das Tief über Irland einem Hoch über dem Golf von Biskaya gewichen ist.

STADTRAT Sehr richtig!

WIRT Wer behauptet das?

BETZ Die amtliche Landeswetterwarte.

WIRT Geh, ⌜laßts mich aus⌝ mit den Behörden!

MARTIN *erscheint wieder, tritt zu Betz und legt ein Flugblatt vor ihn hin:* Da!

BETZ Was soll ich damit?

MARTIN Lesen!

BETZ Warum soll ich das dumme faschistische Zeug da lesen?

MARTIN Weil es dich interessieren dürft.

BETZ Aber keine Idee!

MARTIN *mit erhobener Stimme:* Das da dürfte sogar alle anwesenden Herrschaften hier interessieren!

DIE HERRSCHAFTEN *horchen auf.*

STADTRAT Was hat er denn schon wieder, dieser ewige Querulant*?

(lat.) Nörgler, Stänkerer

BETZ *überflog mechanisch das Flugblatt, stockt und schlägt nun mit der Faust auf den Tisch:* Was?! Na das ist empörend! Ist das aber empörend, Josef!

WIRT *wird unsicher und will sich drücken.*

BETZ *fixiert ihn empört:* Halt! – Halt, lieber Josef – das da dürft nämlich vor allem dich interessieren – weißt du, was da drinnen geschrieben steht?

WIRT *verlegen:* Nein –

BETZ Du kannst also nicht lesen?

WIRT *lächelt verzweifelt:* Nein –

BETZ Analphabet?

STADTRAT *hat aufgehorcht:* Was soll denn das schon wieder darstellen dort?

WIRT Nichts, Leutl! Nichts –

BETZ Nichts? Aber was du da nicht sagst, lieber Josef?! Ich glaub gar, du bist ein grandioser Schuft!

WIRT Das darfst du nicht sagen, Heinrich!

BETZ Ich sags noch einmal, lieber Josef.

STADTRAT Wieso?

KRANZ Ja Sakrament –

MARTIN *unterbricht ihn:* Moment!

BETZ Moment! Das ist hier nämlich ein sogenannter ⌜Tagesbefehl⌝ – der Tagesbefehl der Herren Faschisten für ihren heutigen deutschen Tag – *Er reicht das Blatt Karl.* Josef, wir Republikaner sind deine Stammgäst, und du verkaufst deine Seele! Und alles ⌜um des Mammons willen⌝!

(lat.) frech, unverschämt

KARL Also das ist ja direkt impertinent*! Bitte mir zuzuhören, Kameraden! *Er liest.* »Ab sechzehn Uhr bis achtzehn Uhr treffen sich die Spielleute im Gartenlokal des Josef Lehninger« –

KRANZ Was für Spielleut?

KARL Die faschistischen Spielleut! Pfui Teufel!

BETZ Eine Schmach ist das! Der liebe Kamerad Josef reserviert unsere Stammtisch für die Reaktion!

KARL Und wir Republikaner, denkt er, kommen dann hernach dran mit unserer italienischen Nacht und kaufen ihm brav sein Zeug ab!

MARTIN Die Brosamen, die wo die Herren Reaktionäre nicht mehr zammfressen konnten!

ENGELBERT Hört, hört!

WIRT Ich glaub, wir reden aneinander vorbei –

MARTIN Aber was denn nicht noch!

KARL Ah, das ist aber korrupt!

WIRT Ich bin nicht korrupt! Das bin ich nicht, Leutl, das ist meine Frau.

BETZ Papperlapapp!

Hier: die politischen Verhältnisse

WIRT Da gibts kein Papperlapapp! Ihr kennt meine Frau nicht, liebe Leutl! Die scheißt sich was um die politische Konstellationen*. ⌜Der ist es sauwurscht, wer ihre Würst zammfrißt!⌝ Und ich Rindvich hab mal von einem heiteren Lebensabend geträumt! Und wenn ich jetzt den ⌜schwarzweißroten Fetzen⌝ nicht raussteck, verderben mir sechzig Portionen Schweinsbraten, das war doch ein furchtbarer Blödsinn, die ⌜Reichsfarben⌝ zu ändern! Meiner Seel, ich bin schon ganz durcheinand!

KRANZ Wenn du jetzt nicht mein Freund wärst, tät ich dir jetzt ins Gesicht spucken, lieber Josef!

ENGELBERT Bravo!

Stille.

WIRT *verzweifelt:* Meiner Seel, jetzt sauf ich mir einen an, und dann erschieß ich meine Alte. Und dann spring ich zum Fenster naus, aber vorher zünd ich noch alles an. *Ab.*

STADTRAT Ja Himmelherrgottsakrament! Ein jedes Mal, wann ich ein gutes Blatt hab, geht die Kracherei los! *Mit erhobener Stimme.* Aber sehen möcht ich doch, welche Macht unsere italienische Nacht heut nacht zu vereiteln vermag! Kameraden, wir weichen nicht, und wärs die vereinigte Weltreaktion! Unsere republikanische italienische Nacht steigt heute nacht, wie gesagt! Auch ein Herr Josef Lehninger wird uns keinen Strich durch die Rechnung machen! Ein jeder merkt sich, was er für ein Blatt gehabt hat, wir spielen auf meiner Veranda weiter. Kommt, Kameraden!

MARTIN Hurra!

KRANZ Du ⌜Mephisto⌝ –

ALLE *verlassen das Lokal.*

Zweites Bild

Straße. Alle Häuser sind schwarzweißrot beflaggt, weil die hiesige Ortsgruppe der Faschisten, wie dies auch ein Transparent verkündet, ⌜einen deutschen Tag⌝ veranstaltet. Eben zieht eine Abteilung mit Fahnen, Musik und Kleinkalibern vorbei, gefolgt von Teilen der ⌜vaterländisch⌝ gesinnten Bevölkerung – auch die Dvorakische und das Fräulein Leni ziehen mit.

LENI Jetzt kann ich aber nicht mehr mit.

DIE DVORAKISCHE Da tuns mir aber leid, Fräulein!

LENI Die Musik ist ja fein, aber für die Herren in Uniform könnt ich mich nicht begeistern. Die sehn sich alle so fad gleich. Und dann werdens auch gern so eingebildet selbstsicher. Da sträubt sich etwas in mir dagegen.

DIE DVORAKISCHE Das glaub ich gern, weil Sie halt keine Erinnerung mehr haben an unsere ⌜Vorkriegszeit⌝.

LENI Ich muß jetzt da ⌜nach links⌝.

DIE DVORAKISCHE Fräulein, Sie könnten mir eigentlich einen großen Gefallen tun –

LENI Gern!

DIE DVORAKISCHE Ihr Herr Major muß doch ganz pompöse* Uniformen haben –

(franz.) prächtige, prunkvolle

LENI Ja, das stimmt, weil er früher auch ⌜in den Kolonien⌝ gewesen ist, die wo uns Deutschen geraubt worden sind.

DIE DVORAKISCHE Geh, fragens doch mal den Herrn Major, ob er mir nicht so eine alte Uniform verkaufen möcht, es passiert Ihnen nichts.

LENI Wie meinens denn das?

DIE DVORAKISCHE ⌜Das sagt man halt so.⌝

Stille.

LENI Was möchtens denn mit der Uniform anfangen?

DIE DVORAKISCHE *lächelt:* Anschaun.

LENI Ist das alles?

DIE DVORAKISCHE Wie mans nimmt –

Stille.

LENI Nein, das wär mir, glaub ich, unheimlich –

DIE DVORAKISCHE *plötzlich wütend:* Dumme Gans, dumme! Ihr jungen Leut habt halt keine Illusionen mehr!

Rasch ab. Trommelwirbel.

KARL *kommt und erkennt Leni:* Ist das aber ein Zufall!

LENI Jetzt so was! Der Herr Karl!

KARL Ist das aber zweifellos.

LENI Wieso?

KARL Daß wir uns da nämlich treffen, so rein durch ⌜Zufall⌝.

LENI Geh, das kommt doch öfters vor.

KARL Zweifellos.

Stille.

LENI Ich hab jetzt nicht viel Zeit, Herr Karl!

KARL Ich auch nicht. Aber ich möcht Ihnen doch nur was vorschlagen, ⌜Fräulein⌝!

LENI Was möchtens mir denn vorschlagen?

KARL Daß wir zwei Hübschen uns womöglich heut abend noch treffen, möcht ich vorschlagen – ich hätts ihnen schon gestern vorgeschlagen, aber es hat sich halt keine Gelegenheit ergeben –

LENI Lügens mich doch nicht so an, Herr Karl.

Stille.

KARL *verbeugt sich barsch:* Gnädiges Fräulein. Das hab ich doch noch niemals nicht notwendig gehabt, ein ⌜Weib⌝ anzulügen, weil ich doch immerhin ein gerader Charakter bin, merken Sie sich das!

LENI Ich wollt Sie doch nicht beleidigen –

KARL Das können Sie auch nicht.

LENI *starrt ihn an:* Was verstehen Sie darunter, Herr Karl?

KARL Ich versteh darunter, daß Sie mich nicht beleidigen können, weil Sie mir sympathisch sind – Sie könnten mich höchstens kränken, Fräulein. Das versteh ich darunter. ⌜Pardon⌝!

Stille.

LENI Ich glaub gar, Sie sind ⌜ein schlechter Mensch⌝.

KARL Es gibt keine schlechten Menschen, Fräulein. Es gibt nur sehr arme Menschen. Pardon!

Stille.

LENI Ich wart aber höchstens zehn Minuten –

KARL Und ich nur fünf.

LENI *lächelt: Also* dann bin ich halt so frei, Sie schlechter Mensch – *Ab.*

MARTIN UND BETZ *kommen.*

MARTIN *sieht Leni, die rasch an ihm vorbeigegangen ist, nach; dann betrachtet er Karl spöttisch.*

KARL Sag mal, Martin: ich nehm natürlich an, daß bei unserer italienischen Nacht heut nacht nicht nur eingeschriebene ordentliche und außerordentliche Mitglieder, sondern auch Sympathisierende gern gesehen sind –

MARTIN Von mir aus.

KARL Ich hab nämlich grad jemand eingeladen. Eine mir bekannte Sympathisierende von mir.

MARTIN War das die da?

KARL Kennst du die da?

MARTIN Leider.

KARL Wieso?

MARTIN Weil das ein ganz stures Frauenzimmer ist.

KARL Ich find aber, daß sie was Bestimmtes hat –

MARTIN Natürlich hat sie was Bestimmtes – aber der ihr Bestimmtes steht hier nicht zur Diskussion! Ich meinte doch, daß dieses Frauenzimmer ganz stur ist, nämlich in politischer Hinsicht, das ist doch eine geborene Rückschrittlerin, Herrgottsakrament! Wie kann man nur mit so was herumpoussieren*!

(franz.) flirten

KARL Mein lieber Martin, das verstehst du nicht. Wir zwei beide sind aufrechte Republikaner, aber wir haben dabei einen Unterschied. Du bist nämlich Arbeiter und ich Musiker. Du stehst gewissermaßen am laufenden Band und ich spiel in einem Konzertcafé ⌜meinen Mozart und meinen Kalman⌝ – daher bin ich natürlich der größere Individualist, schon weil ich halt eine Künstlernatur bin. Ich hab die stärkeren privaten Interessen, aber nur scheinbar, weil sich bei mir alles gleich ins Künstlerische umsetzt.

MARTIN *grinst:* Das sind aber feine Ausreden –

KARL Das bin ich mir einfach schuldig, daß ich in erotischer Hinsicht ⌜ein politisch ungebundenes Leben führ⌝ – Pardon! *Ab.*

MARTIN Nur zu!

Stille.

BETZ Martin, du weißt, daß ich dich schätz, trotzdem daß du manchmal schon unangenehm boshaft bist – Ich glaub, du übersiehst etwas sehr Wichtiges bei deiner Beurteilung der politischen Weltlage, nämlich ⌜das Liebesleben in der Natur⌝. Ich hab mich in der letzten Zeit mit den Werken von ⌜Professor Freud⌝ befaßt, kann ich dir sagen. Du darfst doch nicht vergessen, daß ⌜um unser Ich herum Aggressionstriebe gruppiert sind, die mit unserem Eros in einem ewigen Kampfe liegen, und die sich zum Beispiel als Selbstmordtriebe⌝ äußern, oder auch als ⌜Sadismus, Masochismus⌝, ⌜Lustmord⌝ –

MARTIN Was gehen mich deine Perversitäten* an, du Sau?

BETZ Das sind doch auch die deinen!

MARTIN Was du da nicht sagst!

BETZ Oder hast du denn deine Anna noch nie gekniffen oder sonst irgend so etwas, wenn du – ich meine: im entscheidenden Moment –

MARTIN Also, das geht dich einen großen Dreck an.

BETZ Und dann sind das doch gar keine Perversitäten, sondern nur ⌜Urtriebe⌝! Ich kann dir sagen, daß unsere Aggressionstriebe eine direkt überragende Rolle bei der Verwirklichung des Sozialismus spielen, nämlich als ⌜Hemmung⌝. Ich fürcht, daß du in diesem Punkte eine ⌜Vogel-Strauß-Politik⌝ treibst.

MARTIN Weißt du, ⌜was du mich jetzt abermals kannst⌝? *Er läßt ihn stehen.*

abartigen (sexuellen) Verhaltensweisen

Drittes Bild

In den städtischen Anlagen. Mit vielen Fahnen. Die Luft ist ⌜voll von Militärmusik⌝. An der Ecke stehen zwei ⌜Frauenzimmer⌝. Es ist bereits spät am Nachmittag. Der Stadtrat Ammetsberger geht vorbei. Die Frauenzimmer zwinkern.

ERSTE *alt und dürr.* Kennst du den?

ZWEITE *jung und fett:* Er ist nicht unrecht.

ERSTE Ich glaub, er ist was bei der Stadt. ⌜Irgendein Tier.⌝

ZWEITE Wahrscheinlich.

Jetzt wehen die ⌜Fahnen⌝ im Winde.

ZWEITE *sieht empor:* Wenns nur keine Fahnen gäb –

ERSTE Fahnen sind doch direkt erhebend.

ZWEITE Nein – wenn ich so Fahnen seh, ists mir immer, als hätten wir noch Krieg.

ERSTE *mit dem Lippenstift:* Ich kann nichts gegen den Weltkrieg sagen. Das wär undankbar.

Stille.

ZWEITE *sieht noch immer empor:* Wie das weht – was nützt uns das?

ERSTE ⌜Für mich sind am besten⌝ landwirtschaftliche Ausstellungen oder überhaupt künstlerische Veranstaltungen. Auch so vaterländische Feierlichkeiten sind nicht schlecht.

EIN FASCHIST *geht vorbei.*

ERSTE *nähert sich ihm.*

FASCHIST Wegtreten!

Pause.

ZWEITE ⌜Eigentlich ist der Krieg dran schuld.⌝

ERSTE An was denn?

ZWEITE An mir.

ERSTE Lächerlich! Alle reden sie sich naus auf den armen Krieg!

⌜ANNA⌝ *kommt und setzt sich mit dem Rücken zu den beiden Frauenzimmern auf eine Bank; sie wartet.*

ERSTE Wer ist denn das?

ZWEITE Ich kenn sie nicht.

ERSTE Die sieht so neu aus. Und dann sieht sie doch wem ähnlich –

ZWEITE *grinst:* Dir –

ERSTE *starrt sie an:* Also das war jetzt gemein von dir, Agnes.

DREI FASCHISTEN *kommen an Anna vorbei.*

ANNA ⌜*weicht ihren Blicken aus*⌝.

DIE FASCHISTEN *halten vor ihr und grinsen sie an.*

ANNA *erhebt sich und will ab.*

MARTIN *tritt in den Weg, grüßt kurz und spricht mit ihr.*

DIE FASCHISTEN UND DIE FRAUENZIMMER *horchen, hören aber nichts.*

ANNA Und?

MARTIN Da gibts kein Und. Er hat sich halt wieder herausgelogen, der Herr Stadtrat. Das wäre unter seiner republikanischen Würde, hat er gesagt, daß er wegen denen ihrer deutschen Tage und wegen dem ehrlosen Lehninger auf seine italienische Nacht verzicht. Der typische Parlamentarier in schlechter Aufmachung. ⌜Es kommt alles, wie es kommen muß.⌝

ANNA Ein korrupter Mensch.

MARTIN ⌜Herrschen tut der Profit.⌝ Also regieren die asozialen Elemente. Und die schaffen sich eine Welt nach ihrem Bilde. Aber garantiert! Heut gibts noch einen Tanz auf denen ihrer italienischen Nacht! ⌜Zur freundlichen Erinnerung.⌝

DIE FASCHISTEN *beschäftigen sich nun mit den Frauenzimmern.*

ANNA Weißt du, was die Genossen sagen?

MARTIN Was?

ANNA Daß du eine Zukunft hast.

MARTIN *zuckt die Schultern:* Sie kennen mich halt. Ich müßt aber fort. In irgendeine ⌜Metropole⌝.

ANNA Ich hab auch das Gefühl, daß man auf dich wartet.

MARTIN Hier hab ich ein viel zu kleines Betätigungsfeld. Das könnt auch ein anderer machen, was ich hier mach.

ANNA Nein, das könnt keiner so machen!

MARTIN Du weißt, daß ich das nicht gern hör!

ANNA Aber es ist so! Wenn alle so wären wie du, stünd es besser um uns Menschen.

MARTIN Aber ich kann doch nichts dafür, daß ich so bin! Daß ich der Intelligentere bin, und daß ich mehr Durchschlagskraft hab, das verpflichtet mich doch nur, mich noch intensiver für das Richtige einzusetzen! Ich mag das nicht mehr hören, ⌜daß ich eine Ausnahme bin⌝. Herrgottsakrament! *Er brüllt sie an.* Ich bin keine, merk dir das!

ANNA Das kannst du einem doch auch anders sagen, daß du keine Ausnahme bist –

Stille.

MARTIN Anna, die Zeit braust dahin, und es gibt brennendere Probleme auf der Welt als wie Formfragen. Vergiß deine Pflichten nicht!

ANNA Ich?

MARTIN Pflichten verpflichten.

ANNA Martin. Du tust ja direkt, als wär ich ein pflichtvergessenes Wesen –

MARTIN Wieso denn hernach? Das wäre ja vermessen. Komplizier doch nicht den einfachsten Fall! Ich wollt dich doch nur erinnern an das, was wir vorgestern besprochen haben – also sei so gut, ja? *Ab.*

ZWEI FASCHISTEN *sind inzwischen mit den Frauenzimmern verschwunden.*

DER DRITTE *fixiert nun Anna.*

ANNA *plötzlich:* Nun?

DER DRITTE *grinst.*

ANNA *lächelt:* Nun?

KARL *erscheint hinter dem Faschisten.*

ANNA *fährt zurück.*

KARL Pardon!

DER DRITTE *grinst, er grüßt Anna spöttisch-elegant und ab.*

Stille.

KARL *unterdrückt seine Erregung:* Pardon, Gnädigste!

ANNA Du Trottel!

KARL Um Gottes willen. Eine Anna und dieser Faschist, da stürzt ja in mir eine Welt zusammen – Wer ist jetzt verrückt? Ich oder du?!

ANNA Du! Ich streng mich da an, fädel was ein, und du zertrampelst mir wieder alles, du unüberlegter Mensch!

KARL Unüberlegt!

ANNA Und unverantwortlich!

KARL Unverantwortlich! Grad schimpft mich der Martin zusammen, weil ich mich für ein unpolitisches Weib interessier, und derweil bandelt die Seine mit einem Faschisten an – Meiner Seel, jetzt glaub ichs aber gleich, daß ich verrückt bin! Korrekt verrückt! So wie sichs gehört!

ANNA So beruhig dich doch!

KARL Oh du mein armer Martin!

ANNA Aber ich tu doch gar nichts ohne Martin!

KARL *starrt sie an:* Wie, bitte?

ANNA Ich tu doch gar nichts Unrechtes!

KARL So?

ANNA Das ist doch alles in Ordnung – der Martin möcht doch nur etwas genauere Informationen über denen ihre Kleinkaliber haben – und dazu soll ich mich halt einem Faschisten nähern, um ihn auszuhorchen –

Stille.

KARL *zündet sich eine Zigarette an.*

ANNA Was hast denn du jetzt gedacht?

KARL Ich? Pardon!

ANNA Das war doch eine grobe Beleidigung –

KARL Pardon!

ANNA Schäm dich!

Stille.

KARL Anna. Ich habe schon viel erlebt auf erotischem Gebiete, und dann wird man halt mit der Zeit leicht zynisch. Besonders, wenn man so eine scharfe Beobachtungsgabe hat. Du bist natürlich eine moralische Größe. ⌜Du hast dich überhaupt sehr verändert.⌝

ANNA *lächelt:* Danke.

KARL Bitte. Du warst mal nämlich anders. Früher.

ANNA *nickt:* Ja, früher.

KARL Da warst du nicht so puritanisch*.

sittenstreng, enthaltsam

Stille.

ANNA *plötzlich ernst:* Und?

KARL Wenn ich dich so seh, krieg ich direkt einen Moralischen. Der Martin hat schon sehr recht, man soll sich nicht so gehen lassen – jetzt hab ich halt schon wieder ein Rendezvous, sie ist zwar politisch indifferent* – *Er sieht auf seine Armbanduhr.*

gleichgültig

ANNA Dann würd ich an deiner Stelle einen heilsamen Einfluß auf sie ausüben.

KARL Meiner Seel, das werd ich auch! ⌜Ehrenwort!⌝

ANNA Wie oft hast du das jetzt schon gesagt?

KARL Anna. Es ist wichtiger, seine Fehler einzusehen, als wie Fehler zu unterlassen. Wenn ich dir jetzt mein Ehrenwort gib, daß ich auf unserer italienischen Nacht heut nacht gewissermaßen ⌜eine passive Resistenz⌝ üben word

ANNA Wie soll ich das verstehen?

KARL Also zum Beispiel: ich werd kein einziges Mal tanzen. Ehrenwort! Keinen Schritt! Auch mit ihr nicht! Es hat doch keinen Sinn, als Vieh durch das Leben zu laufen und immer nur an die Befriedigung seiner niederen

Instinkte zu denken – *er legt seinen Arm unwillkürlich um ihre Taille, ohne zu wissen, was er tut.*

ANNA *nimmt seine Hand langsam fort von dort und sieht ihn lange an.*

KARL *wird sich bewußt, was er getan hat.*

Stille.

KARL *tückisch:* Aber komisch find ich das doch von Martin.

ANNA Was?

KARL Ich könnt es ja nie –

ANNA Was denn?

KARL Ich kanns mir nicht vorstellen, ⌜wie er dich liebt⌝. Ich meine: ob normal, so wie sichs gehört –

ANNA Was willst du?

KARL ⌜Es tät mich nur interessieren.⌝ Wenn er nämlich sowas von dir verlangt, er schickt dich doch gewissermaßen ⌜auf den politischen Strich⌝ – ob er dabei innere Kämpfe hat?

ANNA Innere Kämpfe?

KARL Ja!

Stille.

ANNA Aber nein! Du kannst mich nicht durcheinander bringen! Ich kenn den Martin besser! Der steht über uns allen. Ich war blöd, dumm, verlogen, klein, häßlich – ⌜er hat mich emporgerissen⌝. Ich war nie mit mir zufrieden. Jetzt bin ichs.

KARL *verbeugt sich leicht.*

ANNA ⌜Jetzt hab ich einen Inhalt, weißt du?⌝ *Langsam ab.*

KARL Pardon! *Sieht auf seine Armbanduhr, geht wartend auf und ab.*

LENI *kommt:* Guten Abend, Herr Karl! Ich freu mich nur, daß Sie noch da sind! Ich konnt leider nicht früher!

KARL Wir haben ja noch Zeit. Und dann sieht es ja auch nicht schlechter aus, wenn man später kommt.

LENI Warum denn so traurig?

KARL Traurig?

LENI Nein, diese Stimme – wie aus dem Grab. *Sie lächelt.*

KARL Ich hab grad ein Erlebnis hinter mir. Nämlich ein politisches Erlebnis. Man müßt ⌜den Forderungen des Tages⌝ mehr Rechnung tragen, Fräulein. Ich glaub, ich bin verflucht.

LENI Aber Herr Karl! Wenn jemand einen so schönen Gang hat. *Sie lacht.*

KARL Wie?! *Er fixiert sie.*

LENI *verstummt.*

Stille.

KARL Ja, Fräulein, Sie verstehen mich anscheinend nicht, ich müßt Ihnen das nämlich stundenlang auseinandersetzen – Ich seh schwarz in die Zukunft, Fräulein.

LENI Geh, Sie sind doch ein Mann –

KARL Gerade als Mann darf man eher verzweifeln, besonders ich, weil ich den politischen Tagesereignissen näher steh. – ⌜Sie kümmern sich nicht um Politik?⌝

LENI Nein.

KARL Das sollten Sie aber.

LENI Warum redens denn jetzt darüber?

KARL In Ihrem Interesse.

LENI Wollens mich ärgern?

KARL Es wär Ihre Pflicht als Staatsbürger –

LENI Warum wollens mir denn jetzt die ganze Stimmung verderben, ich hab mich ja schon so gefreut auf Ihre italienische Nacht!

Stille.

KARL Ich bin nämlich nicht so veranlagt, daß ich ⌜eine Blume einfach nur so abbrech⌝, am Wegrand. Ich muß auch menschlich einen Kontakt haben – und das geht bei mir über die Politik.

LENI Geh, das glaubens doch selber nicht!

KARL Doch! Ich könnt zum Beispiel nie mit einer Frau auf die Dauer harmonieren, die da ⌜eine andere Weltanschauung⌝ hätt.

LENI Ihr Männer habt alle eine ähnliche Weltanschauung.

Stille.

KARL Sie sind doch eine Deutsche?

LENI Ja.

KARL Sehns, Fräulein, das ist der Fluch speziell von uns Deutschen, daß wir uns nicht um Politik kümmern, wir sind kein politisches Volk – bei uns gibts noch massenweis Leut, die keine Ahnung haben, wer sie regiert.

LENI Ist mir auch gleich. Besser wirds nicht. Ich schau, daß ich durchkomm.

KARL Mir scheint, Sie haben keine Solidarität.

LENI Redens doch nicht so protzig daher!

KARL Mir scheint, daß Sie gar nicht wissen, wer der ⌜Reichspräsident⌝ ist?

LENI Ich weiß nicht, wie die Leut heißen!

KARL Wetten, daß Sie nicht wissen, wer der ⌜Reichskanzler⌝ ist?

LENI Weiß ich auch nicht!

KARL Also das ist ungeheuerlich! Und wieder einmal typisch deutsch! Können Sie sich ⌜eine Französin⌝ vorstellen, die das nicht weiß?

LENI So gehens halt nach Frankreich!

Stille.

KARL Wer ist denn der ⌜Reichsinnenminister⌝? Oder ⌜wieviel Reichsminister haben wir denn⌝? Ungefähr?

LENI Wenn Sie jetzt nicht aufhören, laß ich Sie da stehen!

KARL Unfaßbar!

Stille.

LENI Das hab ich mir auch anders gedacht, diesen Abend.

KARL Ich auch.

LENI Einmal geht man aus – und dann wird man so überfallen.

KARL *sieht auf seine Armbanduhr:* Jetzt wirds allmählich Zeit.

LENI Am liebsten möcht ich gar nicht mehr hin.

KARL *umarmt sie plötzlich und gibt ihr einen Kuß.*

LENI *wehrt sich nicht.*

KARL *sieht ihr tief in die Augen und lächelt geschmerzt:* Ja, der Reichsinnenminister – *er zieht sie wieder an sich.*

Viertes Bild

In den städtischen Anlagen, vor dem ⌜Denkmal des ehemaligen Landesvaters⌝. Zwei Burschen bemalen das Antlitz des Landesvaters mit roter Farbe. Ein Dritter steht Schmiere. Es dämmert bereits stark. In weiter Ferne spielen die Faschisten den ⌜bayrischen Präsentiermarsch⌝.

ERSTER Die werden morgen schauen, wie sehr sich Seine Majestät verändert haben – Seine Majestät haben einen direkt roten Kopf bekommen – einen blutroten Kopf –

ZWEITER Wie stolz daß der dreinschaut!

ERSTER *klatscht mit dem Pinsel in seiner Majestät Antlitz:* Schad, daß der nur einen Kopf hat!

DRITTER Halt!

ZWEITER Ha?

DRITTER Meiner Seel, da kommen gleich zwei!

ZWEITER Heim!

ERSTER Fertig! *Rasch ab mit seinen Genossen.*

Jetzt wird es bald ganz Nacht.

ANNA *kommt mit einem Faschisten.*

DER FASCHIST Es ist das eine wirklich schöne Stadt hier, Ihre Stadt, Fräulein! Sie als Kind dieser Stadt muß das doch mit einem ganz besonderen Stolz erfüllen.

ANNA Ich bin auch stolz, daß ich von hier bin.

DER FASCHIST Ehre deine Heimat! Und was Sie hier für zweckmäßige Anlagen haben –

ANNA Wollen wir uns nicht setzen?

DER FASCHIST Gestatten! *Sie setzen sich.*

ANNA Ich bin nämlich etwas müd, weil ich den ganzen Tag mitmarschiert bin.

DER FASCHIST Haben Sie auch Militärmusik im Blut?

ANNA Ich glaub schon, daß ich das im Blut hab – *sie lügt* nämlich mein Vater war ja aktiver Feldwebel!

DER FASCHIST Stillgestanden!

Stille.

Das dort drüben, das ist doch das überlebensgroße Denkmal Seiner Majestät?

ANNA Ja.

DER FASCHIST Ich habe bereits die Ehre gehabt, es kennenzulernen. Wir hatten heut früh hier eine interne* Gruppenaussprache – ein wirklich schönes Denkmal ist das, voller Stil. Schad, daß es schon so dunkel ist, man kanns ja gar nicht mehr bewundern!

Hier: vertrauliche

ANNA War die interne Gruppenaussprache sehr feierlich?

DER FASCHIST Überaus!

ANNA Über was hat man denn gesprochen?

DER FASCHIST Über unsere Mission. – Es ist nicht wahr, wenn ⌈feige Söldner des Geldes⌉ sagen, wir seien in die Welt gesetzt, um zu leiden, zu genießen und zu sterben! Wir haben hier eine Mission zu erfüllen! Der eine fühlt den Trieb stärker in sich, der andere schwächer. In uns brennt er wie Opferfeuer! Wir gehen bis zum letzten durch!

Stille.

ANNA Ich möcht jetzt gern was wissen.

DER FASCHIST Jederzeit!

ANNA Ich bin nämlich politisch noch sehr unbedeutend und kenn mich noch nicht so recht aus mit Ihrer Bewegung –

DER FASCHIST *unterbricht sie:* ⌈Das Weib gehört an den heimischen Herd⌉, es hat dem kämpfenden Manne lediglich Hilfsstellung zu gewähren!

ANNA Ich wollt ja nur etwas wissen über die Zukunft, ungefähr –

DER FASCHIST Fräulein, dringen Sie nicht in mich, bitte. Ich darf darüber nichts sagen, weil das ein heiliges Geheimnis ist.

Stille.

Und was sind das doch schon für ⌜ungereimte Torheiten⌝, wenn man behauptet, wir seien ⌜keine proletarische Partei⌝! Ich weiß, was ich rede! Ich gehör zu den gebildeteren Ständen und bin doch auch nicht der Dümmste! Ich bin ⌜Drogist⌝.

ANNA Jetzt wirds aber finster.

DER FASCHIST *dumpf.* Ja, finster.

Stille.

Finster wie in mir. Fräulein, ich kann Sie ja kaum mehr sehen – Ihr Blondhaar –

ANNA Ich bin doch gar nicht blond, sondern brünett*.

*(franz.) braunhaarig

DER FASCHIST Dunkelblond, dunkelblond – Hüte dich, ⌜Blondmädel⌝, hüte dich! Du weißt, vor wem – Überhaupt hat uns ⌜der Jude in den Krieg hineinschlittern lassen⌝! 1914 war es für ihn die höchste Zeit! Denn es hätte der Zeitpunkt kommen können, wo die Völker vielleicht hellhörig geworden wären. Nehmen wir einmal an, über die Welt wäre eine Epidemie gekommen, da hätten die Leute schon gesehen, daß die Juden dran schuld sind! – Blondmädel, in mir ist Freude, daß Sie sich von mir haben ansprechen lassen –

ANNA Ich laß mich ja sonst nicht so ansprechen, aber –

DER FASCHIST Aber?

ANNA Aber von Ihresgleichen – Nein, nicht! – Nein, bitte – lassens mich, bitte!

DER FASCHIST Bitte! Zu Befehl!

Stille.

ANNA Ich kann doch nicht gleich so.

DER FASCHIST Aber das war doch nicht gleich so! Wir haben doch schon eine ganze Zeit gesprochen, zuerst über Kunst und dann über Ihre schöne Stadt und jetzt über ⌜unsere Erneuerung⌝ –

Stille.

Fährt sie plötzlich an. Und wissen Sie auch, wer uns zugrunde gerichtet hat?! Der ⌜Materialismus⌝! Ich will Ihnen sagen, wie der über uns gekommen ist, das kenne ich nämlich! Mein Vater ist nämlich seit dreiundzwanzig Jahren selbständig. Das war nämlich so. Wo man hinkam, hatte der Jude schon alles weggekauft. Der ist nämlich einfach hergegangen und hat überall das billigste Angebot herausgeschunden. Alles wurde so in den Strudel mit hineingerissen und so hat sich, nicht wahr, der materialistische Geist immer breiter gemacht. Aber wir sind eben zu weibisch geworden! Es wird Zeit, daß wir uns wieder mal die Hosen anziehen und merken, daß wir ⌜Zimbern und Teutonen⌝ sind! *Er wirft sich auf sie.*

ANNA Nicht! Nein! *Sie wehrt sich.*

Jetzt fällt Licht auf das Denkmal, und man sieht nun Seine Majestät mit dem roten Kopf.

DER FASCHIST *läßt ab von Anna, heiser:* Was? – Nein, diese Schändung – diese Schändung – ⌜Der Gott, der Eisen wachsen ließ!⌝ – Rache! – Gott steh uns bei! ⌜Deutschland erwache!⌝

In der Ferne das ⌜Hakenkreuzlied⌝.

Fünftes Bild

Im Gartenlokal des Josef Lehninger. Mit Musik.

DIE FASCHISTEN *trinken Bier und singen:*
⌜Ich weiß nicht, was soll es bedeuten⌝,
Daß ich so traurig bin,
Ein Märchen aus uralten Zeiten,
Das kommt mir nicht aus dem Sinn.
Die Luft ist kühl, und es dunkelt,
Und ruhig fließet der Rhein –

EIN FASCHIST ⌜Zum Rhein, zum Rhein, zum deutschen Rhein –⌝

ALLE FASCHISTEN Wir alle wollen Hüter sein!
Lieb Vaterland magst ruhig sein,
Lieb Vaterland magst ruhig sein,
Fest steht und treu die Wacht, die Wacht am Rhein,
Fest steht und treu die Wacht, die Wacht am Rhein!

DIE FASCHISTEN *mit dem Bierkrug in der Hand:* ⌜Heil!⌝ Heil! Heil! *Saufen.*

Musik spielt nun: ⌜*»Stolz weht die Flagge schwarz-weiß-rot«*⌝.

DER LEUTNANT *mit der Landkarte; er winkt einen Faschisten an sich heran:* Also unsere ⌜Nachtübung⌝. Hinter diesem Morast liegt zum Beispiel Frankreich, gleich neben der angelsächsischen Artillerie. Oben und unten ⌜Bolschewiken⌝. Verstanden?

DER FASCHIST Zu Befehl!

DER LEUTNANT Und wir? Wir sind hier im Wald. Im deutschen Wald. Eigentlich ist das sogar symbolisch. Wir werden überfallen, selbstverständlich. Es läßt sich doch durch die ganze Weltgeschichte verfolgen, daß wir Deutschen noch niemals einem anderen Volke irgend etwas Böses getan haben. Nehmen wir nun mal an, die ganze Welt wäre gegen uns –

WIRT Entschuldigens bitte!

DER LEUTNANT Herr Lehninger!

WIRT Herr Leutnant, ich brauch jetzt nämlich mein Lokal –

DER LEUTNANT Was soll das?

WIRT Es wird allmählich Zeit – Sie müssen jetzt mein Lokal verlassen –

DER LEUTNANT Mensch, was erlaubt er sich?!

WIRT Aber das ist doch nur meine vaterländische Pflicht, daß ich Sie daran erinner – sonst versäumen Sie ja noch ihre diversen Nachtübungen –

Stille.

DER LEUTNANT *läßt den Faschisten wegtreten; ruft:* Czernowitz!

CZERNOWITZ *ein Gymnasiast:* Zu Befehl, Herr Leutnant!

DER LEUTNANT Herr Major erwarten uns im Wald. Herr Major werden sein Referat in unserem deutschen Walde halten. Haben Sie das Referat fertig?

CZERNOWITZ Jawohl, Herr Leutnant! *Er reicht ihm einige Blätter aus einem Schulheft.*

DER LEUTNANT Titel?

CZERNOWITZ Was verdanken uns Deutschen die ⌜Japaner⌝?

DER LEUTNANT Richtig! – Kerl, warum haben Sie das nicht ins reine geschrieben?

CZERNOWITZ Sie kennen meinen Vater nicht, Herr Leutnant! Der kümmert sich nur um meine Schulaufgaben! Meine Familie versteht mich nicht, Herr Leutnant. Als ich mich neulich freute, daß wir so ⌜viele Feinde haben, weil das doch eine Ehre ist⌝ – da hat mir mein Vater eine heruntergehauen. Wenn meine Mutter nicht wär, Herr Leutnant – meine Mutter ist noch die einzige, die mich versteht – Mein Vater ist liberal.

Stille.

DER LEUTNANT Weggetreten!

CZERNOWITZ *kehrt.*

DER LEUTNANT Angetreten!

DIE FASCHISTEN *treten an.*

DER LEUTNANT Stillgestanden! Rechts um! Abteilung – marsch!

DIE FASCHISTEN *ziehen ab. Und die Musik spielt den bayrischen Präsentiermarsch.*

WIRT *holt die schwarzweißrote Fahne herunter und hißt die schwarzrotgoldne.*

Nun ist es finster geworden und nun steigt die republikanische italienische Nacht. Mit Girlanden und Lampions, Blechmusik und Tanz. – Mitglieder und Sympathisierende ziehen mit Musik in das Gartenlokal ein, und zwar auf die Klänge des ⌜Gladiatorenmarsches⌝; allen voran der Stadtrat Ammetsberger, Kranz, Betz, Engelbert mit ihren Damen. Auch Karl und Leni sind dabei. Und auch Martin kommt mit seinen Kameraden, finster und entschlossen – und setzt sich abseits mit ihnen.

STADTRAT Meine Damen und Herren! Kameraden! Noch vor wenigen Stunden hatte es den Anschein, als wollte das uns Menschen, und nicht zu guter Letzt uns Republikanern, so feindlich gesinnte höhere ⌜Schicksal⌝, daß unser aller heißer Wunsch, unser ersehnter Traum, unsere italienische Nacht nicht Wirklichkeit wird. Kameraden! Im Namen des Vorstandes kann ich euch die erfreuliche Mitteilung machen, daß wir unser Schicksal überwunden haben! Wenn ich hier diese stimmungsvolle Pracht sehe, diesen Jubel in all den erwartungsvollen Antlitzen, bei jung und auch bei alt, so weiß ich, was wir überwunden haben! Und so wünsche ich, daß diese unsere Gartenunterhaltung, diese unsere republikanische italienische Nacht allen Anwesenden unvergeßlich bleiben soll! Ein Hoch auf das in der Republik geeinte deutsche Volk. Hoch! Hoch! Hoch!

ALLE AUSSER MARTINS KAMERADEN *erheben sich:* Hoch! Hoch! Hoch!

Musiktusch.

STADTRAT Setzen!

ENGELBERT Meine Damen und Herren! Kameraden! Liebe Sympathisierende! Ich freue mich, daß wir hier sind! Antreten zur ⌜Française⌝!

Der Stadtrat, Betz, Kranz, Engelbert usw. mit ihren Damen tanzen nun eine Française – Martin und seine Kameraden sehen finster zu. Jetzt spielt die Musik einen Walzer.

Damenwahl! Damenwahl!

MARTIN *zu seinen Kameraden:* Daß mir nur keiner tanzt! Disziplin, muß ich schon bitten – Disziplin und Opposition!

EINIGE FRÄULEINS *wollen mit Martins Kameraden tanzen, werden aber abgewiesen.*

LENI *zu Karl:* Also darf ich jetzt bitten?

KARL *schweigt.*

LENI Also darf ich jetzt bitten zum letztenmal?

KARL *schweigt.*

LENI Wie kann man ein Fräulein nur so bitten lassen –

KARL Glaubst du, daß ich das so leicht überwind?

LENI Zu was sind wir denn da, wenn wir nicht tanzen?

KARL Das hat einen tieferen Sinn.

LENI Und du willst ein Mann sein? Und traust dich nicht einmal zu tanzen?

KARL Man kann als Mann vieles zurückziehen, aber sein Ehrenwort niemals.

LENI Ein richtiger Mann kann alles. Nein. Tu die Hand da weg.

KARL Was für eine Hand?

LENI Die deinige.

KARL Du weißt noch nicht, was Konflikte sind – sonst würdest du nicht so appellieren* – *Er kommt mit ihr unwillkürlich ins Tanzen, und zwar links herum.*

* (lat.) mit Nachdruck auf etwas hinweisen

ERSTER KAMERAD Du, Martin, der hat doch deiner Anna sein Ehrenwort gegeben, daß er unser Mann ist –

MARTIN Er hat bei meiner Anna seine Ehre verpfändet, daß er keinen Schritt tanzen wird, sondern daß er sich unseren Parolen anschließen wird, und zwar durchaus ⌜radikal⌝.

ZWEITER KAMERAD Ein Schuft, ein ganz charakterloser.

DRITTER KAMERAD Einer mehr.

ERSTER KAMERAD Und jedesmal wegen einem Frauenzimmer –

VIERTER KAMERAD Die bildet sich aber was ein!

(franz.) anmutig

DRITTER KAMERAD Gott, wie graziös*!

ERSTER KAMERAD Die wirds auch nimmer begreifen, wos hingehört.

ZWEITER KAMERAD Wer ist denn das Frauenzimmer?

VIERTER KAMERAD Auch nur Prolet.

ERSTER KAMERAD Nein. Das ist etwas bedeutend Feineres. Das ist eine ⌜Angestellte⌝ – *Er grinst.*

DRITTER KAMERAD *lacht.*

VIERTER KAMERAD Wann gehts denn los?

DRITTER KAMERAD *verstummt plötzlich.*

MARTIN Wenn ich euch das Signal gib! Ich! *Er erhebt sich, tritt nahe an die Tanzenden heran und sieht zu; jetzt spielt die Musik einen Walzer, einige Paare hören auf zu tanzen – u. a. auch der Stadtrat Ammetsberger.*

STADTRAT Na was war das für eine Idee?

ENGELBERT Eine Prachtidee!

STADTRAT Ich wußte es doch, daß so ein zwangloses gesellschaftliches Beisammensein uns Republikaner menschlich näherbringen würde.

KRANZ *ist leicht angetrunken:* Ich freu mich nur, daß wir uns von dieser Scheißreaktion nicht haben einschüchtern lassen, und daß wir diese bodenlose Charakterlosigkeit unseres lieben Josef mit einer legeren Handbewegung beiseite geschoben haben. Das zeigt von innerer Größe.

STADTRAT Eine Prachtidee!

ENGELBERT Eine propagandistische Tat!

KRANZ Diese Malefizfaschisten* täten sich ja nicht wenig ärgern, wenn sie sehen könnten, wie ungeniert wir Republikaner uns hier bewegen! *Er torkelt etwas.*

verdammten Faschisten

ENGELBERT Wo stecken denn jetzt diese Faschisten?

BETZ Ich hab was von einer Nachtübung gehört.

ENGELBERT Na viel Vergnügen!

KRANZ Prost!

STADTRAT Dieser kindische Kleinkaliberunfug.

BETZ Aber sie sollen doch auch Maschinengewehre –

STADTRAT *unterbricht ihn:* Redensarten, Redensarten! Nur keinen Kleinmut, Kameraden! Darf ich euch meine Frau vorstellen, meine bessere Hälfte.

KRANZ Sehr erfreut!

ENGELBERT Angenehm!

BETZ Vom Sehen kennen wir uns schon.

DIE BESSERE HÄLFTE *lächelt unsicher.*

STADTRAT So – woher kennt ihr euch denn?

BETZ Ich habe dich mal mit ihr gehen sehen.

STADTRAT Mich? Mit ihr? Wir gehen doch nie zusammen aus.

BETZ Doch. Und zwar dürft das so vor Weihnachten gewesen sein –

STADTRAT Richtig! Das war an ihrem Geburtstag! Der einzige Tag im Jahr, an dem sie mitgehen darf, ins Kino – *Er lächelt und kneift sie in die Wange.* Sie heißt Adele. Das heut ist nämlich eine Ausnahme, eine große Ausnahme – Adele liebt die Öffentlichkeit nicht, sie ist lieber daheim. *Er grinst.* Ein Hausmütterchen.

KRANZ *zu Adele:* ⌜Trautes Heim, Glück allein.⌝ Häuslicher Herd ist Goldes wert. ⌜Die Grundlage des Staates⌝ ist die Familie. ⌜Was Schönres kann sein als ein Lied aus Wien.⌝ *Er torkelt summend zu seinem Bier.*

BETZ Ein Schelm.

ENGELBERT *zu Adele:* Darf ich bitten?

STADTRAT Danke! Adele soll nicht tanzen. Sie schwitzt.

Pause.

ENGELBERT *tanzt mit einer Fünfzehnjährigen.*

ADELE *verschüchtert:* Alfons!

STADTRAT Nun?

ADELE Ich schwitz ja gar nicht.

STADTRAT Überlaß das mir, bitte.

ADELE Warum soll ich denn nicht tanzen?

STADTRAT Du kannst doch gar nicht tanzen!

ADELE Ich? Ich kann doch tanzen!

STADTRAT Seit wann denn?

ADELE Seit immer schon.

STADTRAT Du hast doch nie tanzen können! Selbst als blutjunges Mädchen nicht, merk dir das! Blamier mich nicht, Frau Stadtrat! *Er zündet sich eine Zigarre an.*

Pause.

ADELE Alfons, warum hast du gesagt, daß ich die Öffentlichkeit nicht liebe? Ich ging doch gern öfters mit. – Warum hast du das gesagt?

STADTRAT Darum.

Pause.

ADELE Ich weiß ja, daß du im öffentlichen Leben stehst, eine öffentliche Persönlichkeit –

STADTRAT Still, Frau Stadtrat!

ADELE ⌜Du stellst einen immer in ein falsches Licht.⌝ Du sagst, daß ich mit dir nicht mitkomm –

STADTRAT *unterbricht sie:* Siehst du!

ADELE *gehässig:* Was denn?

STADTRAT Daß du mir nicht das Wasser reichen kannst.

Pause.

ADELE Ich möcht am liebsten nirgends mehr hin.

STADTRAT Eine ausgezeichnete Idee! *Er läßt sie stehen; zu Betz.* Meine Frau, was? *Er grinst und droht ihr schelmisch mit dem Zeigefinger.* ⌜Wenn du zum Weibe gehst, vergiß die Peitsche nicht.⌝

BETZ Das ist von Nietzsche.

STADTRAT Das ist mir wurscht! Sie folgt aufs Wort. Das ist doch ein herrlicher Platz hier! Diese uralten Stämme und die ozonreiche Luft – *Er atmet tief.*

BETZ Das sind halt die Wunder der Natur.

STADTRAT Die Wunder der Schöpfung – es gibt nichts Herrlicheres. Ich kann das besser beurteilen, weil ich ein Bauernkind bin. Wenn man so in den Himmel schaut, kommt man sich so winzig vor – ⌜diese ewigen Sterne⌝! Was sind wir daneben?

BETZ Nichts.

STADTRAT ⌜Nichts. Gott hat doch einen feinen Geschmack.⌝

BETZ Es ist halt alles relativ*. Vgl. Erl. zu 11,10.

Stille.

STADTRAT Du, Betz, ich hab mir ein Grundstück gekauft.

BETZ Wo denn?

STADTRAT Fast ein ⌜Tagwerk⌝. Mit einer Lichtung. – Schau, lieber guter Freund, die Welt hat Platz für anderthalb Milliarden Menschen, warum soll mir da nicht von dieser großen Welt so ein kleines Platzerl gehören –

ERSTER KAMERAD *hat unfreiwillig gelauscht:* Feiner Marxist!

Stille.

STADTRAT Was hat der gesagt?

BETZ So laß ihn doch!

ADELE Er hat gesagt: Feiner Marxist.

STADTRAT Wie du das einem so einfach ins Gesicht sagst. – Toll!

ADELE Ich hab ja nur gesagt, was er gesagt hat.

STADTRAT Wer? Was sich da diese unreifen Spritzer herausnehmen! Überhaupt! *Er deutet auf Martin und seine Kameraden.* Dort hat noch keiner getanzt – saubere Jugend! Opposition und Opposition. Revolte oder dergleichen. Spaltungserscheinungen. Nötige Autorität.

Man muß – *Er will an seinen Biertisch, stockt jedoch, da er sieht, daß Martin und seine Kameraden eine leise debattierende Gruppe bilden; er versucht zu horchen – plötzlich geht er rasch auf Martin zu.* Martin, was hast du da gesagt? Feiner Marxist, hast du gesagt?

MARTIN Ich habs zwar nicht gesagt, aber ich könnts gesagt haben.

STADTRAT Und wie hättest du das gemeint, wenn du es gesagt hättest?

MARTIN Wir sprechen uns noch. *Er läßt ihn stehen.*

Akkord und Gong.

ENGELBERT *auf dem Podium:* Meine Damen und Herren! Kameraden! Eine große erfreuliche Überraschung hab ich euch mitzuteilen. Es steht euch ein seltener Kunstgenuß bevor. Frau Hinterberger, die Gattin unseres verehrten lieben Kassierers, hat sich liebenswürdigerweise bereit erklärt, uns mit ihrer Altstimme zu entzücken! *Bravorufe und Applaus.* Ich bitte um Ruhe für Frau Hinterberger!

FRAU HINTERBERGER *betritt das Podium, mit Applaus begrüßt:* Ich singe Ihnen ⌜eine Ballade von Löwe⌝, Heinrich der Vogler.

Sie singt die Ballade; großer Beifall, nur Martin und seine Kameraden beteiligen sich nach wie vor an keiner Ovation; nun wird wieder weitergetanzt.*

(lat.) Begeisterter Beifall

LENI *zu Karl:* Das war aber schön. Ich bin nämlich sehr musikalisch.

KARL Das hab ich schon bemerkt.

LENI An was denn?

KARL An deinem Tanzen. Du hast ein direkt exorbitantes* rhythmisches Feingefühl –

(lat.) außerordentliches

LENI Das hängt aber nicht nur von mir ab. Das hängt auch vom Herrn ab.

KARL Hast es also nicht bereut, daß du mir hierher gefolgt bist?

LENI *lächelt:* Werd mir nur nicht wieder politisch. – Versprichs mir, daß du es nimmer werden wirst, auf Ehrenwort.

KARL Das ist nicht so einfach.

LENI Wieso?

KARL Nämlich, ich geb nur dann gern ein Ehrenwort, wenn ich dasselbe auch halten kann. Man bricht nämlich viel leichter so ein Ehrenwort, als wie daß man es hält.

LENI Wenn du es mir gibst, dann geb ich dir auch ein Ehrenwort –

KARL Du?

LENI Eine Frau hat nicht viel zu geben – aber wenn sie was gibt, macht sie den Mann zu einem König.

MARTIN *zu Karl:* Karl, darf ich dich einen Augenblick –

KARL Bitte. *Zu Leni.* Pardon! *Zu Martin.* Nun?

MARTIN Du hast doch der Anna versprochen nicht zu tanzen – alsdann: ich möchte nur konstatieren*, daß du dein politisches Ehrenwort wegen einer Lustbarkeit gebrochen hast.

(lat.) feststellen

KARL *wird nervös:* Hab ich das?

MARTIN Ja. Du hast mir sogar versprochen, daß, wenn es jetzt hier zu der bevorstehenden weltanschaulichen Auseinandersetzung –

KARL *unterbricht ihn:* Also bitte, werd nur nicht wieder moralisch!

MARTIN Du hast halt wieder mal dein Ehr geschändet.

KARL Ist das dein Ernst?

MARTIN Jawohl, du Künstlernatur –

Pause.

KARL *lächelt bös:* Martin, wo steckt denn deine Anna?

MARTIN Was soll das?

KARL Die wird wohl bald erscheinen?

MARTIN Hast du sie gesehen?

KARL Ja.

MARTIN Allein oder mit?

KARL Mit.

MARTIN *lächelt:* Dann ists ja gut.

KARL Meinst du?

MARTIN Ja.

Pause.

KARL *grinst:* ⌜Honny soit qui mal y pense!⌝

MARTIN Was heißt das?

KARL *schadenfroh:* Das ist französisch.

Pause.

MARTIN Ich bin dir ja nicht bös, du tust mir leid. Es ist nämlich schad um dich mit deinen Fähigkeiten. Aber du hast immer nur Ausreden. Ein halber Mensch – *Er läßt ihn stehen.*

Akkord und Gong.

ENGELBERT *auf dem Podium:* Meine Sehrverehrten! Kameraden! Und abermals gibts eine große erfreuliche Überraschung im Programm! In dem Reigen unserer künstlerischen Darbietungen folgt nun ein auserlesenes Ballett, und zwar getanzt von den beiden herzigen Zwillingstöchterchen unseres Kameraden Leimsieder, betitelt ⌜›Blume und Schmetterling‹⌝!

DIE HERZIGEN ZWILLINGSTÖCHTERCHEN *dreizehnjährig, betreten das Podium, mit mächtigem Applaus begrüßt.*

STADTRAT Bravo, Leimsieder!

DIE HERZIGEN ZWILLINGSTÖCHTERCHEN *tanzen einen ⌜affektierten Kitsch⌝ – plötzlich ertönt aus Martins Gegend ein schriller Pfiff, die herzigen Zwillingstöchterchen zucken zusammen, tanzen aber noch weiter, jedoch etwas unsicher geworden; die, denen es gefällt, sehen entrüstet auf Martin – da ertönt abermals ein Pfiff, und zwar noch ein schrillerer.*

KRANZ *brüllt:* Ruhe, Herrgottsakrament! Wer pfeift denn da, ihr Rotzlöffel?! Lümmel dreckige windige!

ENGELBERT Wems nicht paßt, der soll raus!!

RUFE Raus! Raus!

Tumult.

DIE HERZIGEN ZWILLINGSTÖCHTERCHEN *weinen laut.*

ERSTER KAMERAD *schlägt mit der Faust auf den Tisch:* Wir wollen hier kein Säuglingsballett!

KRANZ Halts Maul, sag ich!

ZWEITER KAMERAD Halts du!

EINE TANTE Seht, wie die Kindlein weinen, ihr Rohlinge!

DRITTER KAMERAD Hoftheater!

VIERTER KAMERAD Hofoper! Oper!

STADTRAT Jetzt wirds mir zu dumm!

EINIGE KAMERADEN Huuu!

STADTRAT Oh, ich bin sehr energisch!

DIE KAMERADEN Huuu!

STADTRAT Jetzt kommt die Abrechnung!

DRITTER KAMERAD Tatü tata!

DIE TANTE Oh diese Jugend!

VIERTER KAMERAD Feiner Marxist!

DIE KAMERADEN *im Sprechchor:* Feiner Marxist! Feiner Marxist! Feiner Marxist! Feiner Marxist!

STADTRAT Wer? Ich?! Ich hab ⌜das Kommunistische Manifest⌝ bereits auswendig hersagen können, da seid ihr noch in den Windeln gelegen, ihr Flegel! *Pfiff.*

DIE TANTE Diese Barbaren stören ja nur den Kunstgenuß!

VIERTER KAMERAD Du mit deinem Kunstgenuß!

DRITTER KAMERAD Blume und Schmetterling!

ERSTER KAMERAD Mist! Mist! Mist!

KRANZ Oh ihr Kunstbarbaren! *Er fällt fast um vor lauter Rausch.*

ENGELBERT Seht, was ihr angerichtet habt! Kindertränen! Schämt ihr euch denn gar nicht?! Oder habt ihr denn keine Ahnung, mit welcher Liebe, das hier einstudiert worden ist – Wochenlang haben der Kamerad Leimsieder und seine Frau jede freie Minute geopfert, um uns hier beglücken zu können!

⌜EIN FREMDER KAMERAD⌝ *aus Magdeburg:* Hätte er doch lieber seine freien Minuten geopfert, um die Schlagstärke unserer Organisation auszubauen!

Totenstille; maßlose Überraschung über die fremde Mundart.

STADTRAT Ah, ein Preuße –

Sturm.

DIE DVORAKISCHE Stören Sie unsere Nacht nicht!

MARTIN Solche Nächte gehören gestört!

DER FREMDE KAMERAD Kameraden!

MARTIN Jetzt red ich! Kameraden! Indem daß wir hier Familienfeste mit republikanischem Kinderballett arrangieren, arrangiert die Reaktion militärische Nachtübungen mit Maschinengewehren!

DER FREMDE KAMERAD Genossinnen und Genossen! Wollt ihr es denn nicht sehen, wie sie das Proletariat verleugnen, verhöhnen und ausbeuten, schlimmer als je zuvor?! Und ihr?

MARTIN *unterbricht ihn:* Und ihr?! Italienische Nächte! Habt ihr denn schon den Satz vergessen: Oh, wenn doch nur jeder Prolet sein Vergnügen in der republikanischen –

DER FREMDE KAMERAD *unterbricht ihn:* In der revolutionären! In der revolutionären Tätigkeit fände! Es bleibt zu fordern –

STADTRAT Hier bleibt gar nichts zu fordern!

MARTIN Es bleibt zu fordern: sofortige Einberufung des Vorstandes und Beschlußfassung über den Vorschlag:

DER FREMDE KAMERAD Bewaffnung mit Kleinkalibern!

Schimpfwort: verdammter Preuße

KRANZ Halts Maul, Malefizpreuß* dreckiger!

RUFE Raus damit! Raus!!

DER FREMDE KAMERAD Genossinnen und Genossen!

MARTIN Jetzt red ich, Herrgottsakrament! Du bringst mich ja noch ganz aus dem Konzept! Ich möchte doch auch dasselbe, aber so kommen wir auf keinen grünen

Zweig nicht! So laßt doch hier die angestammten Führer reden!

STADTRAT Kameraden! Ein Frevler wagt hier unser Fest zu stören, bringt kleine Kinderchen zum Weinen. – Kameraden, was Martin verlangt, ist undurchführbar! Wir wollen nicht in die Fußstapfen der Reaktion treten. Wir nehmen keine Kanonen in die Hand, aber wer die demokratische Republik ernstlich zu bedrohen wagt, der wird zurückgeschlagen!

MARTIN Mit was denn?

STADTRAT An unserem ⌜unerschütterlichen Friedenswillen⌝ werden alle ⌜Bajonette⌝ der internationalen Reaktion zerschellen!

SIEBENTER KAMERAD *lacht ihn aus.*

STADTRAT So sehen die Leute aus, die die Macht der sittlichen Idee leugnen!

ERSTER KAMERAD ⌜Sprüch⌝, du Humanitätsapostel!

STADTRAT Das sind keine Sprüch! ⌜Wir wollen keine Waffen mehr sehen, ich selbst hab zwei Brüder meiner Frau im Krieg verloren!⌝

VIERTER KAMERAD Im nächsten Krieg sind wirs, ich und der Stiegler, und der da und der da!

KRANZ *ahmt ihn nach:* Und ich da und ich da und ich da!

STADTRAT Es hat eben keinen Krieg mehr zu geben! Dieses Verbrechen werden wir zu vereiteln wissen! Das werd ich schon machen.

MARTIN ⌜Genau wie 1914!⌝

STADTRAT Das waren ganz andere Verhältnisse!

DER FREMDE KAMERAD Immer dasselbe, immer dasselbe!

STADTRAT Wo warst denn du 1914!? Im Kindergarten!

DER FREMDE KAMERAD Und du? Du hast auch schon 1914 mit den Taten deiner Vorfahren geprotzt, das können wir Jungen ja allerdings nicht!

MARTIN Kameraden!! Wenn das so weitergeht, ⌜erwachen wir morgen⌝ ⌜im heiligen römisch-mussolinischen Reich deutscher Nation⌝!

DER FREMDE KAMERAD Genossinnen und Genossen!!

KRANZ *außer sich:* So schmeißt ihn doch naus, den Schnapspreußen, den hergelaufenen! Naus damit! Naus!!

MARTIN Ruhe!! Ein Preuße her, ein Preuße hin! Kurz und gut: der langen Rede kurzer Sinn: derartige italienische Nächte gehören gesprengt! Radikal, radikal!

STADTRAT Zur Geschäftsordnung! Ich fordere kraft unserer Statuten* den sofortigen Ausschluß des Kameraden Martin!

Satzungen

ENGELBERT Bravo!

STADTRAT Und zwar wegen unkameradschaftlichen Verhaltens!

MARTIN Bravo! Kommt! *Ab mit seinen Kameraden.*

STADTRAT Wir lassen uns unsere italienische Nacht nicht spalten, Kameraden! Seit vierzehn Tagen hab ich mich auf diese Nacht gefreut, und ich laß mich nicht spalten! Musik! Setzen!

Sechstes Bild

Vor dem Wirtshaus des Josef Lehninger. Martin und seine Kameraden verlassen die italienische Nacht. Rechts eine Bedürfnisanstalt.

MARTIN Also Ausschluß. Wegen unkameradschaftlichen Verhaltens. Wer lacht da nicht?
Stille.

ZWEITER KAMERAD Wohin?

MARTIN Zu mir.

DER FREMDE KAMERAD An die Arbeit! Wir dürfen keine Minute verlieren!

MARTIN Bald zieht sich die Bourgeoisie in den Turm der Diktatur zurück.

DER FREMDE KAMERAD Seid bereit!

Stille.

MARTIN *leise, mißtrauisch:* Wer ist denn das überhaupt?

ERSTER KAMERAD Ich kenne ihn nicht.

DRITTER KAMERAD Mir ganz unbekannt.

Sie gehen alle in die Bedürfnisanstalt.

DER FREMDE KAMERAD *folgt ihnen:* Ich bin aus Magdeburg, Genossen!

MARTINS STIMME *aus der Bedürfnisanstalt:* So, aus Magdeburg. Also aus Preußen bist du. – ⌜Alsdann: ich möchte dir nur die Mitteilung machen⌝, daß ich hier der offizielle Führer bin, und dann ist das hier bei uns so Sitte, daß der berufene Führer die Aktion leitet, und sonst niemand. Ob der jetzt auch aus Magdeburg ist oder nicht.

Er erscheint wieder mit seinen Kameraden.

Stille.

MARTIN *zum ersten Kameraden:* Ist das jetzt den Tatsachen entsprechend, daß du das Denkmal Seiner Majestät versaut hast?

ZWEITER KAMERAD *gewollt hochdeutsch:* Wir haben es uns erlaubt, das Denkmal Seiner Majestät mit etwas roter Farbe zu verunzieren.

MARTIN Wer wir?

ZWEITER KAMERAD Ich.

VIERTER KAMERAD Und ich.

MARTIN So. Alsdann du ebenfalls. Das ist natürlich gottverlassen blöd. Oder vielleicht, meine Herren?!

DER FREMDE KAMERAD Eine Denkmalsschändung ist natürlich lediglich Büberei.* Kümmert euch doch nicht um die ⌜verjagten Dynastien⌝, Jungs! Sorgt lieber dafür, daß man den Herren Kapitalisten dereinst keine ⌜Denkmäler⌝ errichtet!

Veralteter Ausdruck für ein Buben- oder Schurkenstück, d. h. eine üble Tat

Stille.

(franz.) Lockspitzel

MARTIN *bespricht sich leise mit seinen Kameraden; wendet sich dann dem fremden Kameraden zu:* Ich will dir jetzt was sagen: ich meine, du bist ein Agent provocateur* –

DER FREMDE KAMERAD *entsetzt:* Genosse!

MARTIN Also das täte uns ja gerade noch abgehen, so fremde Provokateure – aus Magdeburg. *Er läßt ihn stehen.*

DER FREMDE KAMERAD Man könnte verzweifeln.

MARTIN Bist du noch da? Ja, bist du denn noch da?! *Er nähert sich ihm drohend.*

DER FREMDE KAMERAD *rasch ab.*

KARL *kommt mit Leni aus dem Wirtshaus:* Drinnen geht alles drunter und drüber.

DRITTER KAMERAD Sehr erfreut!

LENI Alle Leut gehen fort. Die ganze Stimmung ist beim Teufel.

SECHSTER KAMERAD Dann ist sie dort, wo sie hingehört!

KARL Martin, ich bitte dich um Verzeihung.

MARTIN Wegen was?

KARL Daß ich mein Ehrenwort gebrochen hab. Das war natürlich eine Gaunerei, ich hab mir das genau überlegt, aber es war halt nur scheinbar eine Gaunerei. Ich habs ja nur scheinbar gebrochen.

MARTIN Wie willst du das verstanden haben?

KARL Schau, ich mußte doch tanzen! Ich hab es nämlich deiner Anna versprochen, daß ich das Fräulein da hinter mir zu unseren Idealen bekehren werd, und da muß man doch so einem Fräulein entgegenkommen, so was geht doch nur nach und nach –

MARTIN Daß du immer nur Fräuleins bekehrst –

KARL Jeder an seinem Platz. Ich gehör halt zu einer älteren Generation als wie du, das macht schon was aus, obwohl zwischen uns ja nur fünf Jahre Unterschied sind, aber fünf Kriegsjahr –

MARTIN ⌜Die historischen Gesetze kümmern sich einen

Dreck um Privatschicksale⌉, sie schreiten unerbittlich über den einzelnen hinweg, und zwar vorwärts.

KARL Da geb ich dir vollständig recht.

MARTIN Du wärst ja brauchbar, wenn man dir glauben könnt. Aber das kann man eben nicht, weil du ein halber Mensch bist.

KARL Du hast halt keine Konflikte mit deiner Erotik. Meiner Seel, manchmal beneid ich dich!

MARTIN Und du tust mir leid. Ich habs immer wieder versucht mit dir. Jetzt ists aus. Ich leg keinen Wert mehr auf deine Mitarbeit.

KARL *verbeugt sich leicht:* Bitte! Pardon! *Ab mit Leni. Auch die Kameraden sind während dieser Szene verschwunden.*

ANNA *kommt.*

MARTIN Anna!

ANNA Jetzt bin ich aber erschrocken!

MARTIN Du?

ANNA Ich dacht, du wärst wer anders –

MARTIN So.

ANNA Du warst mir jetzt so fremd.

MARTIN *fast spöttisch:* War ich das? – Hast was erreicht?

ANNA Verschiedenes.

MARTIN Erstens?

ANNA Erstens hab ich erfahren, daß diese Faschisten unsere italienische Nacht sprengen wollen –

MARTIN *unterbricht sie:* Erstens ist das nicht unsere italienische Nacht! Und zweitens ist denen ihre italienische Nacht bereits gesprengt. Ich persönlich hab sie gesprengt.

ANNA Schon?

MARTIN Später! Und?

ANNA Die Faschisten wollen hier alles verprügeln.

MARTIN So ists recht! Das vergönn ich diesem Vorstand! ⌈Diese Spießer⌉ sollen jetzt nur mal am eigenen Leibe die

Früchte ihrer verräterischen Taktik verspüren! Wir Jungen überlassen sie ihrem Schicksal und bestimmen unser Schicksal selbst!

ANNA Das würd ich aber nicht tun.

MARTIN Was heißt denn das?

ANNA Ich würds nicht tun. Ich würd ihnen schon helfen, sie stehen uns doch immer noch näher als die anderen.

MARTIN Was du da nicht sagst!

ANNA Wenn ich dem Stadtrat auch vergönn, daß er verprügelt wird, aber es sind doch auch noch andere dabei, dies vielleicht ehrlich meinen –

MARTIN *spöttisch:* Meinst du?

ANNA Und zu guter Letzt geht das doch keinen Dritten was an, was wir unter uns für Konflikte haben! Das sind doch unsere Konflikte!

MARTIN *gehässig:* Ich glaub, daß das deine Privatansicht ist.

ANNA Red nicht so ⌜hochdeutsch⌝, bitte.

Stille.

MARTIN Und?

ANNA Sonst nichts. Die Faschisten sind halt ganz fürchterlich wütend. Es soll heut abend irgendein Denkmal verunreinigt worden sein –

MARTIN Ja, das war der Stiegler, dieser Idiot –

ANNA Martin!

MARTIN *überrascht:* Ha?

ANNA Martin, weil einer von uns das Denkmal verdreckt hat, sollen jetzt die anderen da drinnen verprügelt werden?! Das find ich aber feig! Das ist unser nicht würdig! Das ist ungerecht – *Sie stockt, da Martin plötzlich fasziniert auf ihren Hals starrt.*

Stille.

MARTIN *leise:* Was ist denn das dort für ⌜ein Fleck⌝?

ANNA Wo?

MARTIN Da.

ANNA Da? Das ist ein Fleck –

Stille.

Morgen wird er blau.

MARTIN So.

ANNA Er war halt so grob.

MARTIN *etwas unsicher:* So, war er das –

ANNA So sind sie alle, die Herren Männer.

Stille.

MARTIN Schau mich an.

ANNA *schaut ihn nicht an.*

MARTIN Warum schaust mich denn nicht an?

ANNA Weil ich dich nicht anschaun kann.

MARTIN Und warum kannst du mich jetzt nicht anschaun? Schau mich doch nicht so dumm an, Herrgottsakrament!

Stille.

ANNA Mir war jetzt nur plötzlich so eigenartig –

MARTIN Wieso?

ANNA Was du da nämlich von mir verlangst, daß ich mich nämlich mit irgendeinem Faschisten einlaß – und daß gerade du das verlangst –

MARTIN Was sind denn das für neue Gefühle?

ANNA Nein, das waren alte –

MARTIN Du weißt, daß ich diese primitiven Sentimentalitäten nicht mag. Was sollen denn diese überwundenen Probleme? Nur keine Illusionen, bitte!

ANNA Jetzt redst du wieder so hochdeutsch.

Stille.

MARTIN Anna, also grob war er zu dir, – der Herr Faschist.

ANNA Ja.

MARTIN Sehr grob?

ANNA Nicht besonders.

Stille.

MARTIN Aber grob war er doch. – Es ist vielleicht tatsächlich unter unserer Würde.

ANNA Was?

MARTIN Daß wir nun diesen Vorstand da drinnen für unsere versaute Majestät verprügeln lassen – von diesen Herren Faschisten.

ANNA Siehst du!

MARTIN Was soll ich denn sehen?! Gar nichts seh ich! Nichts! Radikal nichts! Aber, verstehst mich: diesen Triumph wollen wir den Herren Faschisten nicht gönnen! Komm! *Ab mit Anna.*

KARL *kommt mit Leni. Beide scheinen verstimmt zu sein. Sie setzen sich auf eine Bank neben der Bedürfnisanstalt.*

LENI Warum schweigst du schon so lang?

KARL Weil es mir weh um das Herz herum ist.

LENI Aber du kannst doch nichts dafür, daß diese italienische Nacht mit einem Mißton geendet hat!

KARL Ich danke dir. *Er drückt ihr die Hand und vergräbt dann den Kopf in seinen Händen.*

Stille.

LENI Dein Kamerad Martin erinnert mich an einen Bekannten. Mit dem war auch nicht zu reden, weil er nichts anderes gekannt hat wie sein Motorrad. Er hat zahlreiche Rennen gewonnen, und ich hab ihn halt ⌜in seinem Training gestört⌝. Sei doch nicht so traurig –

KARL Jetzt möcht ich am liebsten nicht mehr leben.

LENI Warum denn?

KARL Ich hab halt ein zu scharfes Auge. Ich seh, wie sich die Welt entwickelt, und dann denk ich mir, wenn ich nur ein paar Jahre jünger wär, dann könnt ich noch aktiv mittun an ihrer Verbesserung – aber ich bin halt verdorben. Und müd.

LENI Das redst du dir nur ein.

KARL Ein halber Mensch! Nur die eine Hälfte hat Sinn für das Gute, die andere Hälfte ist reaktionär.

LENI Nicht deprimiert sein –

KARL Ich glaub, ich bin verflucht –

LENI Nein, nicht!

KARL *erhebt sich:* Doch!

Stille.

KARL *setzt sich wieder.*

LENI Glaubst du an Gott?

KARL *schweigt.*

LENI ⌜Es gibt einen Gott⌝, und es gibt auch eine Erlösung.

KARL Wenn ich nur wüßt, wer mich verflucht hat.

LENI Laß mich dich erlösen.

KARL Du? Mich?

LENI ⌜Ich hab viertausend Mark⌝, und wir gründen eine Kolonialwarenhandlung –

KARL Wir?

LENI Draußen bei meinem Onkel –

KARL Wir?

LENI Ich und du.

Stille.

KARL In bar?

LENI Ja.

Stille.

KARL Was denkst du jetzt? Denkst du jetzt an eine Ehegemeinschaft? Nein, dazu bist du mir zu schad!

LENI Oh, Mann, sprich doch nicht so hartherzig! Ich kenn dich ja schon durch und durch, wenn ich dich auch erst kurz kenn! *Sie wirft sich ihm an den Hals; große Kußszene.*

KARL Ich hab ja schon immer von der Erlösung durch das Weib geträumt, aber ich habs halt nicht glauben können – ich bin nämlich sehr verbittert, weißt du?

LENI *gibt ihm einen Kuß auf die Stirn:* Ja, die Welt ist voll Neid.

Siebentes Bild

Im Gartenlokal des Josef Lehninger. Die republikanische italienische Nacht ⌜ist nun korrekt gesprengt⌝ – nur der Vorstand sitzt noch unter den Lampions, und zwar: der Stadtrat Ammetsberger mit Adele, Betz, Engelbert und Kranz. Letzterer schnarcht über einen Tisch gebeugt. Es geht bereits gegen Mitternacht, und Adele fröstelt, denn es weht ein kaltes Windchen.

BETZ ⌜Was tun, spricht Zeus.⌝

ENGELBERT Heimwärts?

STADTRAT *schnellt empor:* ⌜Und wenn die Welt voll Teufel wär⌝, niemals! Wir lassen uns unsere italienische Nacht nicht sprengen! ⌜Kameraden, wir bleiben und weichen nicht⌝ – bis zur ⌜Polizeistund⌝! *Er setzt sich wieder.*

ENGELBERT Hört, hört!

STADTRAT *steckt sich nervös eine Zigarre an.*

KRANZ *erwacht und gähnt unartikuliert; zu Betz*: Du, ich hab jetzt grad was Fesches* geträumt.

* (österr.) Hier: etwas Nettes, nichts Fades

BETZ Wars angenehm?

KRANZ Sehr. Ich hab nämlich grad ⌜was von einer Republik geträumt⌝ und das war eine komplette Republik, sogar die Monarchisten waren verkappte Republikaner –

BETZ Also das dürft ein sogenannter Wunschtraum gewesen sein.

KRANZ Ha?

ENGELBERT Wie wärs denn mit einem kleinen Tarock?

STADTRAT Tarock?

ENGELBERT Einen ⌜Haferltarock⌝ –

KRANZ Haferltarock!

STADTRAT Das wär ja allerdings noch das Vernünftigste –

ENGELBERT Karten hab ich. – *Er setzt sich mit dem Stadt-*

rat und Kranz unter den hellsten Lampion, mischt und teilt.

Eine Idee!

BETZ *kiebitzt**. Vgl. Erl. zu 9,3–4.

STADTRAT Erster!

ENGELBERT Zweiter!

KRANZ Letzter!

STADTRAT Solo*! Vgl. Erl. zu 10,31.

KRANZ ⌜Und das Licht leuchtet in der Finsternis⌝ – *Er spielt aus.*

Jetzt weht der Wind stärker.

ADELE *erhebt sich und fröstelt:* Alfons!

STADTRAT *läßt sich nicht stören:* Bitte?

ADELE Wann gehen wir denn endlich?

STADTRAT Zweimal sag ichs nicht! Eichel*! Vgl. Erl. zu 10,27.

ADELE Ich erkält mich noch –

STADTRAT Das tät mir aber leid, Herz!

KRANZ Und Herz!

ENGELBERT Und Herz!

BETZ *nähert sich Adele:* Wir bleiben bis zur Polizeistund, Frau Stadtrat.

ADELE Wann ist denn Polizeistund?

BETZ Um zwei.

ADELE Und jetzt?

BETZ Jetzt gehts gegen zwölf.

ADELE Oh Gott.

STADTRAT *zu Betz:* So laß sie doch, bitte!

Stille.

ADELE Hier hol ich mir noch den Tod.

BETZ Oder eine Lungenentzündung.

Pause.

⌜Der schönste Tod⌝ ist ja allerdings der Tod für ein Ideal.

ADELE ⌜Ich kenn kein Ideal, für das ich sterben möcht.⌝

BETZ *lächelt leise:* Auch nicht für die Ideale, für die sich Ihr Herr Gemahl aufopfert?

ADELE Opfert er sich denn auf?

BETZ Tag und Nacht.

ADELE Sie müssens ja wissen.

Vgl. Erl. zu 11,10. BETZ Es ist natürlich alles relativ*.

Pause.

ADELE Glaubens mir, daß ein Mann, der wo keine solchen öffentlichen Ideale hat, viel netter zu seiner Familie ist. Ich meine das jetzt rein menschlich. Sie sind ein intelligenter Mann, Herr Betz, das hab ich schon bemerkt.

STADTRAT Über was unterhaltet ihr euch denn dort so intensiv?

BETZ Über dich.

STADTRAT Tatsächlich? Habt ihr denn kein dankbareres Thema?

ADELE *boshaft:* Alfons!

STADTRAT Na was denn schon wieder?

ADELE Ich möcht jetzt gern noch ein Schinkenbrot.

STADTRAT Aber du hast doch bereits zwei Schinkenbrote hinter dir! Ich meine, das dürfte genügen! *Er zündet sich eine neue Zigarre an.*

ADELE Wenn du deine Zigarren –

STADTRAT *unterbricht sie:* Oh du unmögliche Person! Pfui! – Und ziehen tut sie auch nicht, weil du mir nichts vergönnst! *Er wirft wütend seine Zigarre fort.* Eine unmögliche Zigarre!

ADELE *erhebt sich:* Ich möcht jetzt nach Haus.

STADTRAT Also werd nur nicht boshaft, bitte!

ADELE Ich geh –

STADTRAT Ich bleib.

ADELE So komm doch!

STADTRAT Nein! Bleib, sag ich!

ADELE Nein, ich muß doch schon wieder um sechse raus, deine Hemden waschen und –

STADTRAT Du bleibst, sag ich!

ADELE Hier hol ich mir noch den Tod –

STADTRAT Du bleibst und basta! Verstanden!?

ADELE *setzt sich wieder und lächelt geschmerzt.*

STADTRAT Spiele!

ENGELBERT Weiter!

KRANZ Spiele auch!

ENGELBERT Und zwar?

KRANZ Gras*!

Kartenfarbe beim Tarockspiel

STADTRAT Schnecken! Bettel*! Jawohl, Bettel! Und herauskommen tu ich selber – *Er gewinnt rasch und lacht schallend.*

Spiel, bei dem ein Spieler ankündigt, keinen Stich zu machen

Stille.

BETZ Warum gehen Sie eigentlich nicht allein nach Hause?

ADELE Weil er mich allein nicht läßt.

BETZ Nicht läßt? Auch allein nicht läßt? Er hat doch kein Recht über Ihre Person. – Meiner Seel, da erscheint er mir nun plötzlich in einem ganz anderen Licht, obwohl ich darauf gewartet hab. – ⌜Alfons Ammetsberger⌝, mein alter Kampfgenosse – fünfunddreißig Jahr. – Ja, ja, das wird wohl das Alter sein. Ob ich mich auch so verändert hab?

STADTRAT *zu Betz:* Ich bitt dich, Betz, so laß sie doch in Ruh!

WIRT *erscheint; er ist schwer besoffen und grüßt torkelnd, doch keiner beachtet ihn; er grinst:* Boykottiert mich nur, boykottiert mich nur! Mir ist schon alles wurscht, ich wein euch keine Träne nach! Überhaupt sind die Reaktionäre viel kulantere Gäst*. – Eure jungen Leut saufen ja bloß a Limonad! Feine Republikaner! Limonad, Limonad!

Hier: Gäste, die mehr konsumieren

KRANZ Halts Maul!

WIRT *plötzlich verträumt:* Ich denk jetzt an meinen Abort*. Siehst, früher da waren nur so ⌜erotische Sprüch⌝ an der Wand dringestanden, hernach im Krieg lauter patriotische und jetzt lauter politische – glaubs mir: solangs nicht wieder erotisch werden, solang wird das deutsche Volk nicht wieder gesunden –

Toilette

KRANZ Halts Maul, Wildsau dreckige!

WIRT Wie bitte? – Heinrich, du bist hier noch der einzig vernünftige Charakter, was hat jener Herr dort gesagt?

BETZ Er hat gesagt, daß du dein Maul halten sollst.

WIRT Hat er? Dieser schlimme Patron*. – Apropos: ich hab eine reizende Neuigkeit für euch, liebe Leutl!

Kerl

KRANZ Wir sind nicht deine lieben Leutl!

WIRT Was hat er gesagt?

BETZ Daß wir nicht deine lieben Leutl sind, hat er gesagt.

WIRT Hat er das gesagt? – Alsdann: meine Herren! Ich beehre mich, Ihnen eine hocherfreuliche Mitteilung zu machen: Sie sind nämlich umzingelt, meine Herren, radikal umzingelt!

STADTRAT *horcht auf.*

BETZ Wer ist umzingelt?

WIRT Ihr, meine Herren!

ENGELBERT Wieso?

WIRT Meine Herren! Ich habs nämlich grad erfahren, daß euch die Herren Faschisten verprügeln wollen –

STADTRAT *erhebt sich.*

WIRT Die Herren Faschisten behaupten nämlich, daß ihr, meine Herren, das Denkmal verdreckt habt –

STADTRAT Was für Denkmal?

WIRT Das Denkmal Seiner Majestät.

ENGELBERT Versteh kein Wort.

WIRT Die Herren Faschisten haben nämlich eine pfundige* Wut im Bauch und wollen die Ehre Seiner Majestät wiederherstellen! Durch Blut! Hurra!

großartige

KRANZ Oh du dreiundreißigjähriger angenagelter Himmiherrgott!

WIRT Leugnen hat doch gar keinen Sinn, meine Herren! Ihr seid überführt! Alle Indizien sprechen gegen euch! Kreuzverhör und so!

STADTRAT Lüge! Infame Lüge! Hier hat niemand eine Majestät verdreckt, bitt ich mir aus!

WIRT *erhebt sein Glas:* Sehr zum Wohle! *Er leert es. Stille.*

BETZ Josef, wer hat dir denn das gesagt, daß wir jetzt hier verprügelt werden sollen?

WIRT Dem Martin seine Anna.

STADTRAT *scharf:* Martin? Interessant!

WIRT Diskretion* Ehrensache!

KRANZ Also jetzt bin ich schon ganz durcheinander!

ENGELBERT Das kann doch nur ein Irrtum sein, nach den Gesetzen der Logik –

STADTRAT *scharf:* Oder Verrat! ⌜Unsere Weste ist weiß.⌝

WIRT Weiß oder nicht weiß – jetzt gibts Watschen*, meine Herren!

KRANZ Du Judas*.

WIRT *weinerlich:* Aber ich bin doch kein Judas, meine Herren! Ich bin euch doch innerlich immer treu geblieben, sogar noch nach der Revolution! Aber was ist denn das jetzt auch für ⌜eine verkehrte Welt⌝! Früher, da war so ein Sonntag das pure Vergnügen, und wenn mal in Gottes Namen gerauft worden ist, dann wegen irgendeinem Trumm Weib*, aber doch schon gar niemals wegen dieser Scheißpolitik! Das sind doch ganz ungesunde Symptome, meine Herren!

KRANZ Ich möchte das Wort ergreifen! Ich möchte jetzt etwas vorschlagen! Ich möchte jetzt dafür plädieren, daß wir hier den weiteren Gang der Ereignisse seelenruhig abwarten, denn wir werden uns glänzend rechtfertigen, weil wir doch radikal unschuldig sind!

ENGELBERT Hört, hört!

STADTRAT Lächerlich!

BETZ *zu Kranz:* Du vergißt wieder mal unsere Aggressionstriebe* –

KRANZ Ha?

WIRT Jetzt gibts Watschen –

BETZ Ich spreche jetzt von einem höheren Standpunkt aus.

(lat.) Verschwiegenheit, Takt

(österr.) Ohrfeigen

Hier: Du Verräter

ein stattliches Exemplar einer Frau

Vgl. Erl. zu 19,9–12.

⌜Der Mensch hat doch eine grausame Natur von Natur aus⌝ – man muß die Wahrheit vertragen können, lieber Freund!

WIRT Oh, wie wahr!

STADTRAT Kameraden! Der Mensch ist ⌜ein schwaches Rohr im Winde⌝, in bezug auf das Schicksal*, ob er nun Monarchist ist oder ein Republikaner. Es gibt nun mal Augenblicke im Leben, wo sich auch der Kühnste der Stimme der Vernunft beugen muß, und zwar gegen sein Gefühl! Kameraden! Das wäre doch ein miserabler Feldherr, der seine Brigaden in eine unvermeidliche Niederlage hineinkommandieren tät! ⌜In diesem Sinne schließe ich nun hiermit unsere italienische Nacht!⌝ Vis major*, höhere Gewalt! ⌜Wo ist mein Hut?⌝

Vgl. Erl. zu 34,22.

(lat.) höhere Gewalt

BETZ Ich bleib.

STADTRAT Wieso?

BETZ Ich bin nämlich da nämlich etwas anderer Meinung –

STADTRAT Da dürft es doch wohl keine andere Meinung geben!

BETZ Findst du? Wir haben doch in bezug auf das verdreckte Denkmal ein absolut reines Gewissen.

ENGELBERT Sehr richtig!

BETZ Und infolgedessen find ich es nicht richtig, so davonzulaufen.

STADTRAT Nicht nicht richtig, klug! Diese Faschisten sind doch bekanntlich in der Überzahl und infolgedessen bekanntlich zu jeder Schandtat jederzeit bereit! Wo ist mein Hut?

BETZ Ich bleib. Und wenn sie mich verhaun!

Stille.

STADTRAT *fixiert ihn höhnisch:* Ach, der Herr sind Katastrophenpolitiker? Na viel Vergnügen!

BETZ Danke!

STADTRAT *grinst:* Gott, wie heroisch!

BETZ Lieber Prügel als feig.

Stille.

STADTRAT Findst du?

ADELE Ich finds auch.

STADTRAT Du hast hier überhaupt nichts zu finden!

ADELE Ich finds aber!

STADTRAT *nähert sich ihr langsam; unterdrückt:* Du hast hier nichts zu finden, verstanden?!

ADELE Ich sag ja nur, was ich mir denk.

STADTRAT Du hast hier nichts zu denken.

ADELE *boshaft:* Findst du?

STADTRAT Blamier mich nicht, ja!

ADELE Nein.

STADTRAT *kneift sie.*

ADELE Au! Au! –

STADTRAT Wirst du dich beherrschen?!

ADELE Au, Alfons! Au! –

STADTRAT Daß du dich beherrschst! Daß du dich –

ADELE *reißt sich kreischend los:* Au! – Du mit deinem Idealismus!

STADTRAT Oh du unmögliche Person!

ADELE Oh du unmöglicher Mann! Draußen Prolet, drinnen Kapitalist! Die Herren hier sollen dich nur mal genau kennenlernen! ⌜Mich beutet er aus, mich!⌝ Dreißig Jahr, dreißig Jahr! *Sie weint.*

STADTRAT *mit der Hand vor den Augen:* Adele! Adele –

Stille.

STADTRAT *nimmt langsam die Hand von den Augen:* Wo ist mein Hut?

WIRT *erhebt sich schwerfällig:* Mit oder ohne Hut – du bist und bleibst umzingelt – *Er rülpst und torkelt ab.*

ADELE *grinst plötzlich.*

STADTRAT Lach nicht!

ADELE Wenn ich dich so seh, find ich das direkt komisch, wie du da den jungen Menschen im Weg herumstehst – *Sie schluchzt wieder.*

STADTRAT Heul nicht!

ADELE Das sind die Nerven –

KRANZ Die typische Weiberlogik.

ADELE *weinend:* Hättest du zuvor die jungen Leut nicht nauswerfen lassen, würd sich jetzt niemand hertraun – jetzt sind wir doch lauter alte Krüppel –

ENGELBERT Oho!

STADTRAT Herr im Himmel!

ADELE Laß unseren Herrgott aus dem Spiel!

KRANZ Es gibt keinen Gott.

Stille.

⌜Ich möchte das Wort ergreifen!⌝ Ich möchte jetzt etwas vorschlagen! Ich möchte jetzt dafür plädieren, daß es sozusagen etwas überstürzt war, den Martin so mir nix, dir nix auszuschließen, samt seinem Anhang – er hat doch einen ziemlichen Anhang, einen starken Anhang, und nicht den schlechtesten Anhang – und er hat doch sozusagen gar nicht so unrecht gehabt –

STADTRAT Findst du?

KRANZ Wenn wir jetzt auch solche Kleinkaliber hätten, als wie diese Faschisten, dann müßten wir uns jetzt nicht unschuldig verhaun lassen, sondern könnten uns wehren – w e h r e n – das ist doch logisch, ha?

ENGELBERT Logisch oder nicht logisch! Nach den Statuten mußten wir Martin ausschließen!

KRANZ Logisch oder nicht logisch! Ich scheiß dir was auf solche Statuten!

ENGELBERT Hört, hört!

KRANZ Das sind doch ganz veraltete Statuten.

STADTRAT Plötzlich?

KRANZ Ich möchte jetzt offiziell dafür plädieren, daß unseres Kameraden Martin ⌜überstürzter Ausschluß wieder rückgängig gemacht werden soll⌝!

STADTRAT Rückgängig?

KRANZ Jawohl!

STADTRAT *sieht sich fragend um:* Was ist das?

BETZ Ja!

ENGELBERT Hm.

STADTRAT *zu Engelbert; leise:* Ja oder nein?

Stille.

ENGELBERT Ja.

Stille.

STADTRAT Wo ist mein Hut?

ADELE *reicht ihm seinen Hut:* Da.

STADTRAT *setzt den Hut tief in die Stirne; tonlos:* Ich werd mich aus dem politischen Leben zurückziehen – jetzt geh ich nirgends mehr hin – höchstens, daß ich noch kegeln werd oder singen –

ADELE Endlich, Alfons!

Trompetensignal.

⌜DER MAJOR⌝ ⌜*in ehemaliger Kolonialuniform*⌝ *betritt mit zwei Faschisten rasch den Garten – er hält knapp vor dem Stadtrat und fixiert ihn grimmig.*

Stille.

DER MAJOR Ich habe bereits die zweifelhafte Ehre, Sie zu kennen.

STADTRAT *nickt apathisch** .

teilnahmslos

DER MAJOR Ich sehe es Ihrem unsteten Blick und den schuldbewußten Mienen Ihrer sauberen Genossen an, daß Sie den Zweck meines Kommens bereits erraten haben.

ENGELBERT ⌜Wir sind radikal unschuldig!⌝

DER MAJOR Ruhe! Jetzt habt ihr euch selbst verraten!

Totenstille.

Brüllt. Ruhe!! Kurzer Prozeß! Rotes Gesindel!

BETZ ⌜Es ist halt alles relativ –⌝

DER MAJOR Maul halten! – Himmellaudon*, mit euch werden wir noch fertig! ⌜Rache für Straßburg!⌝ Wir werden es euch zeigen, Denkmäler zu schänden – ihr habt unsere Ehre verletzt, an unserer Ehre klebt Blut!

(mundartl.) »Gelobt sei der Himmel!«

BETZ Vollendeter Blödsinn!

DER MAJOR Was?!

BETZ *zündet sich eine Zigarre an.*

DER MAJOR Rauchen Sie nicht!

BETZ Bitte – *Er legt die Zigarre fort.*

Stille.

DER MAJOR Czernowitz!

CZERNOWITZ Zu Befehl, Herr Major!

DER MAJOR Erzählen Sie doch mal – wie hat denn Ihr Herr Vater im Felde Kriegsgefangene, die es mit passiver Resistenz versuchten, behandelt?

CZERNOWITZ Er hat ihnen die Patronen in den Hintern schlagen lassen, wie einen Nagel in die Wand, Herr Major!

DER MAJOR *zu Betz:* Verstanden?

BETZ Ich hab keinen Hintern –

DER MAJOR *geht um den Stadtrat herum; fährt ihn plötzlich an:* Hände an die Hosennaht! Setzen!

STADTRAT *setzt sich wie geistesabwesend.*

DER MAJOR *winkt dem einen Faschisten.*

FASCHIST *bringt dem Stadtrat Papier, Feder und Tinte.*

DER MAJOR So. Schreiben Sie, was ich diktiere!

STADTRAT *folgt apathisch.*

DER MAJOR *diktiert:* Ich, der rote Stadtrat Alfons Ammetsberger, erkläre hiermit ehrenwörtlich – haben Sies? – e h r e n w ö r t l i c h – daß ich ein ganz gewöhnlicher –

STADTRAT *stockt.*

DER MAJOR Schreiben Sie!

STADTRAT *schreibt wieder.*

DER MAJOR *diktiert:* – daß ich ein ganz gewöhnlicher – Schweinehund bin!

STADTRAT *stockt wieder.*

DER MAJOR Na wirds bald?

STADTRAT *rührt sich nicht.*

DER MAJOR Kerl, wenn Sie nicht parieren*, kriegen Sie die Hosen voll! Schreiben Sie! Los!

(lat.) ohne Widerspruch gehorchen

STADTRAT *beugt sich langsam über das Papier – plötzlich fängt er an zu wimmern und zu schluchzen:* Nein, aber ich bin doch kein –

DER MAJOR *unterbricht ihn brüllend:* Sie sind aber ein Schweinehund, ein ganz gewöhnlicher Schweinehund!!

ADELE Sie! Das ist kein Schweinehund, Sie! Das ist mein Mann, Sie! Was erlauben Sie sich denn, Sie aufgedonnerter Mensch! So lassen Sie doch den Mann in Ruh!

BETZ Überhaupt mit welchem Recht –

DER MAJOR *unterbricht ihn:* Maul halten!

ADELE Halten Sie Ihr Maul! Und ziehen Sie sich mal das Zeug da aus, der Krieg ist doch endlich vorbei, Sie Hanswurscht! Verzichtens lieber auf ihre ⌜Pension⌝ zugunsten der Kriegskrüppel und arbeitens mal was Anständiges, anstatt arme Menschen in ihren Gartenunterhaltungen zu stören, Sie ganz gewöhnlicher Schweinehund!

DER MAJOR Ordinäre Person! Na wartet! Draußen stehen vierzig deutsche Männer! *Rasch ab mit seinen Faschisten.*

ADELE *ruft ihm nach:* Das ist mein Mann da, verstanden?!
⌜Riesiger Tumult vor dem Gartenlokal⌝.

MARTIN *mit Anna, gefolgt von seinen Kameraden, betritt rasch den Garten.*

ADELE Der Martin!

MARTIN Zu Befehl, gnädige Frau! Die Luft ist sozusagen rein, meine Herren! Sie müssen nämlich wissen, daß der Besuch der Herren Faschisten u n s gegolten hat, mir und meinen Kameraden – und nicht diesem Vorstand da. Und wir sind halt nun mal so veranlagt, daß wir für unsere Taten einstehen. Ich gestatte mir aber zu melden, daß hier niemand mehr eine Angst zu haben braucht, denn als die Herren Faschisten uns da draußen erblickt haben, da haben sie sich umgruppiert – radikal! ⌜Wir haben es halt wieder einmal geschafft!⌝

STADTRAT Na also! – ⌜Von einer akuten Bedrohung der demokratischen Republik⌝ kann natürlich keineswegs gesprochen werden. Kameraden! Solange es einen republikanischen Schutzverband gibt – und solange ich hier die Ehre habe, Vorsitzender der hiesigen Ortsgruppe zu sein, solange ⌜kann die Republik ruhig schlafen⌝!

MARTIN ⌜Gute Nacht!⌝

Varianten

Italienische Nacht
(1) Drittes Bild (Seite 23)

ANNA Jetzt hab ich einen Inhalt, weißt du –

KARL Pardon! *Ab.*

ANNA *allein.*

DER FASCHIST *kommt – er geht an ihr vorbei.*

ANNA *lächelt und geht auf und ab.*

DER FASCHIST *folgt ihr mit den Blicken:* Fräulein –

ANNA Bitte?

FASCHIST Sie haben etwas, Fräulein.

ANNA Was soll ich denn haben?

FASCHIST Es ist etwas nicht in Ordnung, Fräulein.

ANNA Was denn?

FASCHIST Etwas ganz grandioses.

ANNA *eindringlich:* So sagen Sies doch schon, ja?!

FASCHIST Sie haben falschen Schritt, Fräulein.

ANNA *starrt ihn an.*

FASCHIST Das war jetzt ein Witz.

ANNA Ein Witz.

FASCHIST Ja.

Stille.

So ein Witz wirkt oft nicht.

ANNA Das liegt an mir –

FASCHIST Wahrscheinlich. *Stille.*

ANNA Ich hör nämlich sonst sehr gern Witze.

FASCHIST Ich mach eigentlich nicht gern Witze. Ich bin sonst ein ernster Mensch, Fräulein.

ANNA Ich hab gar nichts gegen ernste Menschen –

FASCHIST Das ist sehr freundlich von Ihnen. Dann sollten Sie mich ja durch und durch verstehn – *Plötzlich.* Hast du jetzt Zeit, ha?

ANNA Wir sind doch noch per Sie.

FASCHIST Zu Befehl!

ANNA Wenn Sie wolln, gehn wir jetzt etwas spaziern –

Italienische Nacht
(2) Drittes Bild (Seite 23)

ANNA Jetzt hab ich einen Inhalt, weißt du?
KARL Pardon! *Ab.*
DER FASCHIST *kommt.*
ANNA *lächelt.*
DER FASCHIST *will in die Pißbude, besinnt sich und kokettiert mit Anna.*
ANNA Nun?
DER FASCHIST Fräulein.
ANNA Ja – *Unsicher, verlegen.*
DER FASCHIST Wissen Sie was, Fräulein? Sie haben etwas, Fräulein.
ANNA Was soll ich denn haben?
FASCHIST Es ist etwas nicht in Ordnung, Fräulein – *Er grinst.*
ANNA *wird unsicher:* Was denn?
FASCHIST Etwas pikantes – diskretes –
ANNA So sagen Sies doch schon, ja?!
FASCHIST Sie haben falschen Tritt, Fräulein – *Er wiehert.*
ANNA *starrt ihn verständnislos an.*
FASCHIST *verstummt plötzlich; fast gekränkt:* Das war jetzt ein Witz.
Stille.
Eigentlich habe ich ja nicht viel übrig für Witze, Fräulein. Ich bin nämlich ein verschlossener Mensch, ansonsten.
ANNA Ich hab gar nichts gegen verschlossene Menschen –
FASCHIST Verschlossene Menschen sind auch wertvoller – Konziliant* kann ja ein jeder sein.
Stille.
Plötzlich. Hast du jetzt Zeit, ha?
ANNA *verdutzt:* Zeit? Ja. Aber sagen Sie mir noch Sie, bitte –

Versöhnlich, umgänglich

FASCHIST Zu Befehl –

Sie gehen ab. Es ist das eine schöne Stadt hier, Ihre Stadt – *Ab.*

Italienische Nacht

(3) Siebentes Bild – Schlußvariante (Seite 62)

Martins Genossen sind ihm nun in den Garten gefolgt.

KRANZ Also das ist sehr edel von euch, nicht andere Unschuldige für euere Blödheiten büßen zu lassen!

BETZ Martin! Du weißt, daß ich dich sehr schätz –

ENGELBERT *unterbricht ihn:* Martin! Ich bin durch den Gang der Ereignisse zu der Überzeugung gekommen, daß dein Ausschluß ungerechtfertigt war, und ich bedauer es ehrlich, daß ich ihn so überstürzt gefordert hab.

BETZ Martin! Im Namen des Vorstandes bitte ich dich, wieder unser Kamerad zu werden.

MARTIN *verbeugt sich leicht:* Danke. Aber leider seid ihr zu spät dran, denn es wurde bereits ein neuer Schutzbund gegründet –

ENGELBERT *setzt sich.*

MARTIN Und ich euer Kamerad? Ich müßt mich doch nur mit euch herumstreiten, um kämpfen zu können! Warum soll ich meine Kraft verpuffen?

BETZ Irrtum!

MARTIN Das ist doch kein Irrtum!

BETZ Doch! Wir überlassen dir gerne die Führung und werden nur dann reden, wenn wir gefragt werden – so wie sichs alten Leuten geziemt.

Stille.

MARTIN *reicht ihm die Hand:* So komm!

BETZ *lächelt:* Es ist nämlich alles relativ –

MARTIN Aber was! Du vielleicht, aber nicht ich!

ERSTER GENOSSE Hoch Martin!

ALLE *außer Stadtrat und Adele:* Hoch! Hoch! Hoch!

STADTRAT *leise:* Ein neuer Schutzbund –

MARTIN Ein junger Schutzbund!

STADTRAT Ein junger – *Er trocknet sich verstohlen einige Tränen ab.*

ADELE Komm –

STADTRAT Ich werd mich aus dem politischen Leben zurückziehen – jetzt geh ich nirgends mehr hin – höchstens, daß ich noch kegeln werd oder singen –

ADELE Endlich, Alfons!

Italienische Nacht
(4) Siebentes Bild – Schlußvariante 2 (Seite 62)

Martins Genossen sind ihm nun in den Garten gefolgt.

KRANZ Also das ist sehr edel von euch, nicht andere Unschuldige für euere Blödheiten büßen zu lassen!

BETZ Martin! Du weißt, daß ich dich sehr schätz –

ENGELBERT *unterbricht ihn:* Martin! Ich bin durch den Gang der Dinge zu der Überzeugung gekommen, daß dein Ausschluß ungerechtfertigt ist, und ich bedauer es ehrlich, daß ich ihn so überstürzt gefordert hab.

BETZ Martin! Im Namen des Vorstandes bitte ich dich, wieder unser Kamerad zu werden.

MARTIN *verbeugt sich leicht:* Danke. Aber leider seid ihr zu spät dran, denn es wurde bereits ein neuer Schutzbund gegründet –

ENGELBERT *setzt sich.*

MARTIN Und was soll ich denn als euer Kamerad? Ich müßt mich doch nur mit euch herumstreiten, um kämpfen zu können! Warum soll ich meine Kraft verpuffen?

KRANZ *stiert Martin fassungslos an.*

STADTRAT *leise:* Ein neuer Schutzbund –

MARTIN Ein junger Schutzbund!

STADTRAT Ein junger – *Er trocknet sich verstohlen einige Tränen ab.*

BETZ Es ist halt alles relativ.

MARTN Aber was! Ihr schon, aber nicht wir! Kommt, Genossen!

BETZ *lächelt:* Es ist halt alles relativ – *Ab mit Kranz und Engelbert.*

MARTIN *ruft ihnen nach:* Du mit deiner Relativität! Ihr seid vielleicht schon relativ, aber wir denken nicht daran! Wir sind nicht relativ, Kameraden!

ERSTER KAMERAD Sehr richtig!

ANNA Ein dreifaches Hoch unserem neuen Führer Martin!

ALLE *außer Stadtrat und Adele:* Hoch! Hoch! Hoch!

STADTRAT *leise:* Ein neuer Führer —

MARTIN Ein junger Führer!

STADTRAT Ein junger – *Er trocknet sich verstohlen einige Tränen ab.*

POLIZIST Jetzt wirds aber höchste Zeit! Polizeistund, meine Herrschaften! Polizeistund!

MARTIN *zieht mit seinen Kameraden singend ab –*

ADELE Komm –

STADTRAT Ich werd mich aus dem politischen Leben zurückziehen – jetzt geh ich nirgends mehr hin – höchstens, daß ich noch kegeln werd oder singen –

ADELE Endlich, Alfons!

Der Sozialistenmarsch verklingt in der Ferne – dafür ertönt der Radetzki-Marsch; alles geht nach Hause.

DIE FASCHISTEN *ziehen an der Bank vorbei, auf welcher Leni und Karl sitzen.*

Der Radetzki-Marsch verklingt in der Ferne.

Stille.

LENI Du – Du – Du –

KARL *zündet sich eine Zigarette an.*

LENI Ich bin so glücklich. Oh, wird das Leben jetzt schön – Du, ich will lernen von dir, auch das Politische –

KARL Das Politische?

LENI Ja. Bei mir ist jetzt das Interesse erwacht –
Stille.

KARL Bei mir wirst du spielend lernen. Aber als Kolonialwarenhändler –

LENI Ein Kaufmann darf nicht politisieren, weil er sonst anstoßt. Wir sind halt noch lang keine freien Menschen – So ist das Leben.
Stille.
Jetzt möcht ich singen. Immer, wenn ich traurig bin, möcht ich singen – Sie *singt.*

MARTIN UND ANNA *sind vor ihrer Haustüre angelangt.*

ANNA Jetzt darf ichs aber doch sagen?

MARTIN Inwiesofern?

ANNA Daß du nämlich eine Ausnahme bist.
Stille.

MARTIN Eigentlich ja. Eigentlich aber auch nein. Anna, – wenn wir uns derartig über Sonne, Mond und Sterne hinauf loben, dann könnten wir es ja noch vergessen, daß wir nicht für uns, sondern lediglich für die zukünftige Generation arbeiten –
Umarmung.

ANNA Wenn doch nur ein jeder deine Durchschlagskraft hätt – was könnte dann alles schon da sein in dreißig Jahr? Neunzehnhundertsechzig –

MARTIN Neunzehnhundertsechzig –
Große Umarmung.

Italienische Nacht

(6) Siebentes Bild – Schlußvariante 4 (Seite 63)

Jetzt betreten die Faschisten den Garten – gleichzeitig erscheint aber auch Martin mit seinen Kameraden durch ein anderes Tor; die Faschisten sind etwas überrascht.

ENGELBERT Martin!

KRANZ Der Martin!

MARTIN *gibt ihnen mit der Hand ein Zeichen, daß sie schweigen sollen; dann setzt er sich mit seinen Kameraden und fixiert die Faschisten erwartungsvoll.*

DIE FASCHISTEN *setzen sich ebenfalls und fixieren Martin und dessen Kameraden, sind aber bereits etwas unsicher.*

Stille.

EIN FASCHIST *aus dem Hintergrunde:* Ein Heil unserem unvergleichlichen Führer.

ALLE FASCHISTEN, *ein Dreizehnjähriger ist auch dabei:* Heil! Heil! Heil! *Sie singen. »Siegreich wollen wir Frankreich schlagen«.*

MARTIN UND SEINE KAMERADEN *hören es sich zuerst ruhig an, dann kommt aber etwas Bewegung in sie – sie prüfen die Stühle auf ihre Festigkeit, stellen Krüge vor sich hin – werfen mit Bierfilzeln auf den Faschistentisch. Dieses Werfen wird schwach erwidert – ein Kamerad Martins schüttet seinen Krug nach den Faschisten – einer steht auf und krempelt sich die Ärmel hoch –*

DIE FASCHISTEN *singen noch immer, werden aber immer weniger. Einer nach dem anderen drückt sich heimlich –*

ANNA *erscheint.*

DER FASCHIST *schnellt empor:* Hoho! Wie kommt denn die Person daher?!

Schluß mit dem Gesang.

Große Stille.

MARTIN *perplex:* Was für eine Person?

DER FASCHIST *direkt geistesabwesend:* Dort – dort –

MARTIN Von was für einer Person fabuliert denn der?

ANNA Das bin ich.

Stille.

Mich meint er, Martin.

MARTIN *begreift allmählich:* Dich? . . . Ah, das ist aber interessant . . . Alsdann: war das etwa der mit deinem Fleck da . . . ?

DER FASCHIST *brüllt:* Verrat! Organisierter Verrat! Landesverrat, Landesverrat!!

MARTIN *nähert sich ihm drohend:* Ich geb dir gleich einen Landesverrat, du Grobian, gottverlassener! *Er zieht sich den Rock aus.*

EIN POLIZIST *und ein Gendarm erscheinen:* Polizeistund! Polizeistund, meine Herrschaften.

DER FASCHIST *grüßt den Polizisten und ab.*

MARTIN *sieht ihm nach; zieht sich langsam seinen Rock wieder an.*

ADELE *lächelt:* Der Martin –

MARTIN *gewollt charmant:* Zu Befehl, gnädige Frau! Ich gestatte mir nur zu melden, daß hier niemand mehr eine Angst zu haben braucht. Nämlich abgesehen von allem hat der Herren Faschisten ihr Besuch uns gegolten, mir und meinen Kameraden – und euch schon gar nicht! Und wir sind halt nun mal so veranlagt, daß wir für unsere Taten einstehen, selbst wenn so eine Tat auch mal eine richtige Blödheit gewesen sein soll.

BETZ Irrtum.

MARTIN Das ist doch kein Irrtum!

BETZ Doch. Wir überlassen dir nämlich gerne die Führerrolle und werden nur dann reden, wenn wir gefragt werden. – So wie sichs alten Leuten geziemt – *Er reicht ihm die Hand.*

Kurze Pause.

MARTIN *schlägt ein:* Alsdann ist es eh schon wurscht.

BETZ *lächelt: Es* ist nämlich alles relativ –

MARTIN Du mit deiner Relativität! Du bist vielleicht schon relativ, aber nicht ich!

POLIZIST Polizeistund, meine Herren!

ERSTER KAMERAD Hoch unser neuer Führer!

ALLE *außer Stadtrat, Adele und Polizei:* Hoch, hoch, hoch!

STADTRAT *leise:* Ein neuer Führer –

MARTIN Ein junger Führer!

STADTRAT Ein junger – – *Er trocknet sich verstohlen einige Tränen ab.*

POLIZIST Jetzt wirds aber höchste Zeit! Polizeistund, meine Herrschaften! Polizeistund!

Kommentar

Zeittafel

1901 Edmund (Ödön) Josef von Horváth wird am 9. Dezember als erster Sohn des Diplomaten Dr. Edmund Josef von Horváth (1874–1950) und Maria Hermine, geb. Prehnal (1882–1959), in Sušak, einem Vorort von Fiume, dem heutigen Rijeka, geboren. Horváth beschreibt seine Herkunft später folgendermaßen: »Sie fragen mich nach meiner Heimat, ich antworte: ich wurde in Fiume geboren, bin in Belgrad, Budapest, Preßburg, Wien und München aufgewachsen und habe einen ungarischen Paß – aber: ›Heimat‹? Kenn ich nicht. Ich bin eine typisch altösterreichisch-ungarische Mischung: magyarisch, kroatisch, deutsch, tschechisch – mein Name ist magyarisch, meine Muttersprache ist deutsch« (Bd. 11, S. 184).

1902 Familie Horváth zieht nach Belgrad um, wo ein Jahr später der Bruder Lajos von Horváth zur Welt kommt.

1908 Umzug der Familie Horváth nach Budapest, wo ein Hauslehrer Ödön in ungarischer Sprache unterrichtet.

1909 Sein Vater, im Frühjahr in den Adelsstand gehoben, wird im Herbst nach München versetzt; doch Ödön selbst bleibt in Budapest und besucht dort das erzbischöfliche Internat.

1913 Ödön zieht zu den Eltern und besucht die dritte Klasse des Kaiser-Wilhelm-Gymnasiums, ehe er im folgenden Jahr in das Realgymnasium wechselt. Seine Zensuren sind nicht die besten (vgl. Mat. IV, S. 32); daneben kommt es mit dem Religionslehrer Dr. Heinzinger zu Differenzen, die sich in Horváths Werk niederschlagen. Im Rückblick auf diese Jahre schreibt Horváth: »Während meiner Schulzeit wechselte ich viermal die Unterrichtssprache und besuchte fast jede Klasse in einer anderen Stadt. Das Ergebnis war, daß ich keine Sprache ganz beherrschte. Als ich das erste Mal nach Deutschland kam, konnte ich keine Zeitung lesen, da ich keine gotischen Buchstaben kannte, obwohl meine Muttersprache die deutsche ist. Erst mit vierzehn [!] Jahren schrieb ich den ersten deutschen Satz« (Bd. 11, S. 183).

1915 Sein Vater wird von der Front abberufen und erneut nach München beordert. Später schreibt Ödön über diese Jahre: »An die Zeit vor 1914 erinnere ich mich nur, wie an ein langweiliges Bilderbuch. Alle meine Kindheitserlebnisse habe ich im Kriege vergessen. Mein Leben beginnt mit der Kriegserklärung« (ebd.).

1916 Umzug der Familie nach Preßburg, wo Ödön wieder eine ungarische Schule besucht. Er beginnt zu schreiben, doch nur das Gedicht »Luci in Macbeth. Eine Zwerggeschichte von Ed. v. Horváth« (Bd. 11, S. 261 f.) bleibt erhalten.

1918 Vor Kriegsende wird der Vater erneut nach Budapest berufen, so dass Ödön die Nachkriegswirren in der ungarischen Hauptstadt erlebt, sich dort stark für die machtpolitischen Kämpfe interessiert und sich schließlich im Galilei-Kreis engagiert, einer Gruppe junger Leute, die mit Begeisterung die national-revolutionären Werke von Endre Ady (1877–1919) liest.

1919 Während der Vater im Frühjahr zurück nach München versetzt wird, kommt Ödön in die Obhut eines Onkels Josef Prehnal (1875–1929) in Wien, wo er das Privatgymnasium der Salvatorianer besucht. Nach dem Abitur im Sommer zieht auch er wieder nach München, immatrikuliert sich im Herbst an der Ludwig-Maximilians-Universität und besucht psychologische, literatur-, theater- und kunstwissenschaftliche Seminare bis zum Wintersemester 1921/22.

1920 Ödön beginnt Gedichte zu schreiben (vgl. Bd. 11, S. 9 ff., 261 ff.). Daneben lernt er »durch einen Zufall« (Bd. 11, S. 199) den Komponisten Siegfried Kallenberg (1867–1944) kennen, auf dessen Anregung die Pantomime *Das Buch der Tänze* (Bd. 11, S. 23 ff.) entsteht. Über seinen Werdegang als »Literat« berichtet er später in einem Radiointerview: »Ich besuchte 1920 in München die Universität und hatte, wie man so zu sagen pflegt, Interesse an der Kunst, hatte mich selber aber in keiner Weise noch irgendwie künstlerisch betätigt – nach außen hin – innerlich, mit dem Gedanken schon, da sagte ich mir: Du könntest doch eigentlich Schriftsteller werden, du gehst doch z. B. gern ins Theater, hast bereits allerhand erlebt, du widersprichst gern, fast dauernd, und dieser eigentümliche Drang, das was man so sieht und erlebt und vor allem: was man sich einbildet, daß es die Anderen erleben, niederzuschreiben, den hast du auch – und dann weißt du auch, daß man nie Konzessionen machen darf und daß es dir immer schon gleichgültig war, was die Leute über dich geredet haben – und so hatte ich eigentlich schon auch das, was pathetische Naturen als die ›Erkenntnis einer dichterischen Mission‹ bezeichnen« (Bd. 11, S. 198 f.)

1922 *Das Buch der Tänze* wird mit zwei anderen Werken konzertant aufgeführt und erscheint anschließend in einer Auflage von 500 Exemplaren im Munchner El Schahin-Verlag. 1926 kauft Ödön die Restauflage mit Hilfe seines Vaters auf und vernichtet sämtliche Exemplare. Horváth war sich anfänglich keineswegs sicher, ob er als Schriftsteller arbeiten sollte oder nicht, denn im Rückblick bemerkt er: »Ich versuchte es noch mit allerhand mehr oder minder bürgerlichen Berufen – aber es wurde nie etwas Richtiges daraus – anscheinend war ich doch zum Schriftsteller geboren« (ebd., S. 199 f.).

1923 Ödön beginnt intensiv zu schreiben, doch die meisten Manuskripte aus diesen Jahren vernichtet er. Vermutlich entstehen in dieser Zeit das Fragment *Dosa* und das Schauspiel *Mord in der Mohrengasse* (Bd. 1, S. 17 ff.), aus dem einzelne Motive in späteren Stücken auftauchen.

1924 Im Satireblatt *Simplicissimus* erscheinen erstmals Horváths *Sportmärchen*. Nach einer längeren Parisreise mit dem Bruder beschließt Ödön, nach Berlin umzuziehen, und in Berliner Zeitungen erscheinen in den nächsten Jahren weitere *Sportmärchen* (Bd. 11, S. 45 ff.). Das im gleichen Jahr fertig gestellte Landhaus der Eltern in Murnau bleibt für Ödön jedoch weiterhin Hauptwohnsitz und -arbeitsplatz, und nicht zuletzt Ausgangspunkt für zahlreiche Bergtouren.

1926 Am Stadttheater in Osnabrück wird *Das Buch der Tänze* am 19. Februar uraufgeführt, das auf negative Kritiken stößt. Zur gleichen Zeit entstehen die Dramen *Revolte auf Côte 3018* (Bd. 1, S. 45 ff.), das den Bau der Zugspitzbahn zum Anlass nimmt, und *Zur schönen Aussicht* (Bd. 1, S. 133 ff.).

1927 Am 7. April stellt Horváth in Murnau einen Antrag auf Einbürgerung, doch sein Wunsch, bayerischer Staatsangehöriger zu werden und die ungarische Staatsangehörigkeit gegen die deutsche einzutauschen, wird von der Regierung von Oberbayern abgelehnt. Im Berliner Büro der »Deutschen Liga für Menschenrechte« sichtet Horváth im Frühjahr Unterlagen für eine Denkschrift zur Justizkrise und stößt dabei auf Material über Fememorde der Schwarzen Reichswehr, das er später in seinem Stück *Sladek oder Die schwarze Armee* (Bd. 2, S. 9 ff.) verarbeitet. Die Uraufführung *Revolte auf Côte 3018* in Hamburg am 4. November wird ein Misserfolg, weshalb Horváth das Stück bearbeitet und es unter dem Titel *Die Bergbahn* (Bd. 1, S. 89 ff.) vervielfältigen lässt. In einem Radiointerview beschreibt er später sein Volksstück so: »Das Stück hat zum Inhalt den Kampf zwischen Kapital und Arbeitskraft. Zwischen den beiden Parteien steht ein Ingenieur, und durch ihn ist die Stellung der sogenannten Intelligenz im Produktionsprozeß charakterisiert« (Bd. 11, S. 200).

1928 Horváth schreibt das Stück *Sladek oder Die schwarze Armee*, arbeitet es später um. Die Neufassung erhält den Titel *Sladek, der schwarze Reichswehrmann* (Bd. 2, S. 93 ff.). In diesem und im folgenden Jahr verfasst er daneben sendereife *Sieben Szenen für Rundfunk* unter dem Titel *Stunde der Liebe* (GW 1970, Bd. 4, S. 85 ff.), die aber erst 1973 im Radio zu hören sind.

1929 Mit großem Erfolg wird am 4. Januar *Die Bergbahn* in Berlin uraufgeführt. Das Haus Ullstein bietet ihm daraufhin ein Fixum und einen Vertrag an, so dass Horváth zukünftig als freier Schriftsteller leben kann. Horváth schreibt die Posse *Rund um den Kongreß* (Bd. 1, S. 209 ff.), einzelne Kapitel des späteren Romans *Der ewige Spießer* (Bd. 12, S. 127 ff.) sowie die Geschichten der *Agnes Pollinger* und entwirft den Roman *Der Mittelstand* (Mat. VIII, S. 179 ff.). In einer Matinéeveranstaltung wird am 13. Oktober *Sladek, der schwarze Reichswehrmann* uraufgeführt. Das Stück enttäuscht die Kritik, ruft aber bei den Nationalsozialisten heftige Angriffe hervor.

1930 Horváths Roman *Der ewige Spießer* erscheint im zur Ullstein AG gehörenden Berliner Propyläen Verlag, in dessen Theaterabteilung Arcadia auch seine Dramen erscheinen. Zugleich schreibt Horváth an den beiden Volksstücken *Geschichten aus dem Wiener Wald* und *Italienische Nacht* und greift in seinem Stück *Die Lehrerin von Regensburg* das reale Schicksal der ersten protestantischen Volksschullehrein Elly Maldaque in Regensburg auf. Am 12. September tritt er aus der katholischen Kirche aus.

1931 Am 20. März wird im Berliner Theater am Schiffbauerdamm das Stück *Italienische Nacht* mit großem Erfolg uraufgeführt. Am 4. Juli liefert der Verlag die Buchfassung des Stückes aus, zumal eine entpolitisierte Fassung des Stückes einen Tag später in Wien Premiere hat, anlässlich der Horváth in einem Interview erklärt, er habe »eben« die *Geschichten aus dem Wiener Wald* abgeschlossen. Im Herbst erhält Horváth auf Vorschlag Carl Zuckmayers (1896–1977) zusammen mit Erik Reger (1893–1954) den Kleist-Preis. Die Uraufführung von *Geschichten aus dem Wiener Wald* am 2. November am Deutschen Theater in Berlin wird zu einem entscheidenden Theatererfolg und macht Horváth zum anerkannten Dramatiker. Zusammen mit R. A. Stemmle (1903–1974) schreibt Horváth an einer Ausstattungsrevue *Magazin des Glücks* (GW 1970, Bd. 4, S. 604 ff.) für Max Reinhardt (1873–1943), die aber nicht vollendet wird, im Gegensatz zu seinem Volksstück *Kasimir und Karoline*.

1932 Horváth schreibt an seinem Stück *Glaube Liebe Hoffnung*, gibt ein Radiointerview (vgl. Bd. 11, S. 196 ff.) und tritt bei Autorenlesungen in München auf. Am 18. November wird *Kasimir und Karoline* in Leipzig und eine Woche später – in der gleichen Inszenierung – in Berlin uraufgeführt. Die Kritik reagiert gespalten, und Horváth sieht sich veranlasst, für künftige Inszenierungen eine *Gebrauchsanweisung* (vgl. ebd., S. 215 ff.) für seine Stücke zu verfassen. Der Vertrag zwischen Ullstein und Horváth, der ihm zunächst 300 Mark und ab 1931 500 Mark monatlich zusicherte, wird »auf Grund gegenseitigen freundschaftlichen Übereinkommens« gelöst.

1933 Heinz Hilpert (1890–1967) wird von den Nationalsozialisten gezwungen, das zur Uraufführung angenommene Stück *Glaube Liebe Hoffnung* wieder abzusetzen. Auch andere Stücke Horváths dürfen nicht mehr gespielt werden. In Murnau wird das Haus der Eltern Horváths von einem SA-Trupp durchsucht. Horváth verlässt daraufhin Deutschland, wohnt zunächst in Österreich, wo er an dem Stück *Die Unbekannte aus der Seine* (Bd. 7, S. 9 ff.) schreibt. Da Horváth in Deutschland unerwünschte Person ist und um die ungarische Staatsbürgerschaft zu behalten, muss Horváth nach Budapest reisen. Dieses Erlebnis verarbeitet er später in der Posse *Hin und Her* (Bd. 7, S. 75 ff.). In Wien heiratet er am 27. Dezember die Sängerin Maria Elsner (1905–1981), doch die Ehe wird bereits am 2. September 1934 wieder geschieden.

1934 Die geplante Uraufführung des Stücks *Die Unbekannte aus der Seine* in Wien kommt nicht zustande. Horváth reist nach Berlin, da er ein Stück über den Nationalsozialismus plant. Seine Eindrücke finden sich in den Skizzen zum Stück *Der Lenz ist da!* (GW 1970, Bd. 4, S. 100 ff.) und später im Roman *Jugend ohne Gott* (Bd. 13, S. 9 ff.). In Berlin findet Horváth Anschluss an die Filmindustrie, entwickelt mehrere Stoffe, schreibt an Filmdialogen und verschiedenen Exposés. Um überhaupt in der Filmbranche arbeiten zu können, wird Horváth zunächst Mitglied im nationalsozialistischen »Reichsverband Deutscher Schriftsteller« (RDS). Zugleich setzt er seine dramatischen Arbeiten fort und vollendet das Märchen *Himmelwärts* (Bd. 7, S. 157 ff.), das im Neuen Bühnenverlag erscheinen soll. Der Verleger Willy Stuhlfeld rechtfertigt diese Publikation gegenüber dem Reichsdramaturgen Rainer Schlösser (1899–1945), indem er aus einem Brief Horváths kurz nach dessen Antragsstellung zum RDS zitiert. Darin grenzt sich Horváth einerseits entschieden vom »Kreis um Piscator und Brecht« ab und bekennt andererseits: »Ich erwarte es niemals, daß man mich irgendwo mit offenen Armen empfängt, aber es wäre für mich mehr als ein sehr schmerzliches Erlebnis, wenn man es mir untersagen würde, am Wiederaufbau Deutschlands mitzuarbeiten, soweit dies mir meine Kräfte erlauben« (Lunzer u. a. 2001, S. 115). Am 13. Dezember wird in Zürich die Komödie *Hin und Her* uraufgeführt.

1935 Horváths finanzielle Lage verschlechtert sich, da seine Stücke in Deutschland nicht mehr gespielt werden können. Zugleich verfasst er Skizzen und Fragmente zum Thema »Flucht aus der Gegenwart« und entwickelt mit seinem Bruder den Plan zu einem bebilderten Brief-Roman mit dem Titel *Die Reise ins Paradies* (GW 1970, Bd. 4, S. 456 f.). Als Auftragsarbeit für den Max Pfeffer Verlag schreibt Horváth das Stück *Mit dem Kopf durch die Wand* (Bd. 7, S. 325 ff.), dessen Uraufführung am 10. Dezember in Wien bei der Kritik durchfällt. Darüber schreibt er später: »Einmal beging ich einen Sündenfall. Ich schrieb ein Stück, ›Mit dem Kopf durch die Wand‹, ich machte Kompromisse, verdorben durch den neupreußischen Einfluß, und wollte ein Geschäft machen, sonst nichts. Es wurde gespielt und fiel durch. Eine gerechte Strafe« (Bd. 11, S. 227).

1936 Horváth schreibt fleißig an seinen Stücken, so dass *Der jüngste Tag* (Bd. 10, S. 9 ff.), *Figaro läßt sich scheiden* (Bd. 8, S. 9 ff.) und *Don Juan kommt aus dem Krieg* (Bd. 9, S. 9 ff.) fertig werden. Horváth lebt meistenteils in Wien und in Henndorf bei Salzburg. Als er im August seine Eltern in Possenhofen besucht, wird ihm mitgeteilt, seine Aufenthaltsgenehmigung sei ihm entzogen und er habe Deutschland binnen 24 Stunden zu verlassen. Am 13. November wird *Glaube Liebe Hoffnung* in Wien unter dem Titel *Liebe, Pflicht und Hoffnung* uraufgeführt.

1937 Horváth beginnt, sich von fast allen seinen Bühnenstücken zu distanzieren (vgl. Bd. 11, S. 227) und plant das Projekt *Komödie des Menschen.* Diese Arbeit steht für ihn v. a. im Kontrast zur Auftragsarbeit *Mit dem Kopf durch die Wand* aus dem Jahre 1935, weshalb dieses Projekt ganz anders werden soll: »So habe ich mir nun die Aufgabe gestellt, frei von Verwirrung die Komödie des Menschen zu schreiben, ohne Kompromisse, ohne Gedanken ans Geschäft. Es gibt nichts Entsetzlicheres als eine schreibende Hur. Ich geh nicht mehr auf den Strich und will unter dem Titel ›Komödie des Menschen‹ fortan meine Stücke schreiben, eingedenk der Tatsache, daß im ganzen genommen das menschliche Leben immer ein Trauerspiel, nur im einzelnen eine Komödie ist« (Bd. 11, S. 227 f.). In Henndorf beendet er seinen Roman *Jugend ohne Gott* (Bd. 13, S. 9 ff.), der im Herbst im Amsterdamer Verlag Allert de Lange erscheint. Dem Romanerfolg, der mehrere Übersetzungen nach sich zieht, stehen einige Uraufführungen gegenüber, die aber meistens folgenlos bleiben: Am 2. April *Figaro läßt sich scheiden* in Prag, am 24. September *Ein Dorf ohne Männer* (Bd. 10, S. 79 ff.) in Prag, am 5. Dezember *Himmelwärts* in Wien, am 11. Dezember *Der jüngste Tag* in Mährisch-Ostrau. Noch im selben Jahr beginnt Horváth mit der Arbeit an seinem zweiten Roman *Ein Kind unserer Zeit* (Bd. 14, S. 9 ff.), der ein Jahr später ebenfalls im Allert de Lange Verlag erscheint.

1938 Starke Depressionen, Unzufriedenheit mit seinen Arbeiten und finanzielle Probleme hindern Horváth an der Vollendung seiner Pläne. Vom Romankonzept *Adieu Europa!* entstehen nur wenige Seiten. Während mehrere seiner Freunde Österreich verlassen – Walter Mehring (1896–1981) emigriert nach Zürich, Hertha Pauli (1909–1972) nach Paris, Franz Theodor Csokor (1885–1969) nach Polen –, fährt Horváth zunächst nach Budapest, später weiter nach Fiume. Von Budapest schreibt er an seinen Freund F. Th. Csokor: »Gott, was sind das für Zeiten! Die Welt ist voller Unruhe, alles drunter und drüber, und noch weiß man nichts Gewisses! Man müßte ein Nestroy sein, um all das definieren zu können, was einem undefiniert im Wege steht! Die Hauptsache, lieber guter Freund, ist: Arbeiten! Und nochmals: Arbeiten! Und wieder: Arbeiten! Unser Leben ist Arbeit – ohne sie haben wir kein Leben mehr. Es ist gleichgültig, ob wir den Sieg oder auch nur die Beachtung unserer Arbeit erfahren, – es ist völlig gleichgültig, solange unsere Arbeit der Wahrheit und der Gerechtigkeit geweiht bleibt« (GW 1970, Bd. 4, S. 680). Dem Besuch weiterer Städte folgt eine Besprechung am 1. Juni mit Robert Siodmak (1900–1973) in Paris, der eine Verfilmung seines Romans *Jugend ohne Gott* plant. Horváth beabsichtigt, am nächsten Morgen nach Zürich weiterzureisen. Gegen 19^{30} Uhr wird er von einem herabstürzenden Ast gegenüber dem Théâtre Marigny erschlagen. In seiner Tasche soll man auf einer Zigarettenschachtel folgende Zeilen gefunden haben: »Und die Leute werden sagen / In fernen blauen Tagen / Wird es einmal recht / Was falsch ist und was echt // Was falsch ist, wird verkommen / Obwohl es heut regiert. / Was echt ist, das soll kommen – / Obwohl es heut krepiert« (GW 1970, Bd. 4, S. 688). Am 7. Juni findet die Beerdigung Ödön von Horváths auf dem Pariser Friedhof Saint-Ouen unter Anteilnahme vieler Exilautoren statt.

Text- und Entstehungsgeschichte

Im Gegensatz zu zahlreichen Schriftstellerkollegen führte Ödön von Horváth kein Tagebuch und pflegte auch keinen regen Briefverkehr, daher lässt sich die genaue Entstehungsgeschichte der *Italienischen Nacht* nur in Bruchstücken rekonstruieren. Vermutlich begann er mit der Skizzierung der Komödie Ende 1928. Zunächst protokollierte er in seinen Notizbüchern Titel wie »Wochenend am Staffelsee«, »Das Propagandaspiel« sowie »Ein Wochenendspiel« zu dem geplanten »Lustspiel in drei Akten«, ehe er 1929 eine erste Fassung, ein Typoskript mit 54 Seiten, unter dem Titel *Ein Wochenendspiel. Volksstück in sechs Bildern von Ödön von Horváth* niederschrieb (vgl. dessen Abdruck in *Gesammelte Werke*, Bd. 3, S. 9–59). Bereits die nächste Version, eine Art Zwischenfassung, trug den späteren und endgültigen Titel *Italienische Nacht* und lag 1930 als »unverkäufliches Manuscript vervielfältigt« dem Berliner Arcadia Verlag, der Theaterabteilung des Propyläen Verlags, vor. Gegenüber der ein Jahr später veröffentlichten Buchfassung der *Italienischen Nacht. Volksstück von Ödön von Horváth*, die den Vermerk »Copyright 1930« trägt, erweisen sich seine letzten Korrekturen als marginal. Die Buchausgabe des Stücks im Berliner Propyläen Verlag, die am 4. Juli 1931 ausgeliefert wurde, war seine zweite Publikation, nachdem im Spätherbst 1930 *Der ewige Spießer. Roman in drei Teilen* erschienen war.

Titelvarianten

Buchausgabe

Unterschiede zwischen den ersten Skizzen und *Ein Wochenendspiel*

Stehen in den ersten Skizzen des dreiaktigen Lustspiels »Wochenend am Staffelsee« bzw. »Das Propagandaspiel« (vgl. ebd., S. 141 ff.) noch die eher unpolitischen Begebenheiten um ein Eishockeyspiel im Mittelpunkt, nehmen im nächsten Entwurfsstadium die Differenzen und Verwerfungen zwischen den kleinstädtischen Vereinen, Verbänden und Parteien zur Zeit der Weimarer Republik mehr und mehr Raum ein, insbesondere das zentrale Motiv: Organisation eines Festes durch eine der SPD nahe stehende Gruppe. In den verschiedenen Varianten zu dem Sechsakter *Ein Wochenendspiel* rücken daher der »Arbeiterradfahrerclub«, der »Stahlhelm« und deren Auseinandersetzungen zunehmend ins Zentrum der Handlung (vgl. ebd., S. 144 ff.).

Obwohl Horváth in den oben genannten Skizzen bereits weitgehend sein Figurenpersonal beisammen hatte – wie etwa Leni, die Dvorakische, der Major, der Stadtrat –, entwickelt er sein »Volksstück in sechs Bildern« – so der Untertitel der Fassung *Ein Wochenendspiel* – fast vollständig neu; nun dominiert darin der Gegensatz zwischen den zwei verschiedenen Festen.
An dieser Fassung schreibt Horváth im Frühjahr und Sommer 1930, ehe er sie im Herbst an seinen Verlag schickt. Gemäß den vertraglichen Vereinbarungen zwischen ihm und der Ullstein AG vom 11. Januar 1929 nimmt diese das »satyrische Volksstück *Wochenendspiel*« für seinen Bühnenvertrieb am 18. November 1930 an. Diese hektographierte Fassung mit dem Titel *Italienische Nacht* liegt dann der Uraufführung des Stücks am 20. März 1931 im Berliner Theater am Schiffbauerdamm zugrunde.

Einfluss der Reichtagswahlen auf das Stück

Es kann als sicher gelten, dass der Ausgang der Reichstagswahlen vom 14. September 1930 – die sowohl der NSDAP einen Mandatszuwachs von zwölf auf 107 Sitze als auch der KPD von 54 auf 77 brachte, während die Deutschnationalen und die Parteien der Mitte Sitze verloren – Horváths Stückkonzeption beeinflusste.

Unterschiede zwischen *Ein Wochenendspiel* und *Italienische Nacht*

Gegenüber der früheren Fassung von *Ein Wochenendspiel* enthält die endgültige Fassung mit dem Titel *Italienische Nacht* v. a. neues Szenenmaterial mit den Nationalsozialisten. So fehlt etwa im *Wochenendspiel* das Gespräch Annas mit dem Faschisten, in dem Horváth eindrucksvoll diese politische Bewegung, ihr Bewusstsein, ihr Verhalten, ihre Sprache und letztlich die durch sie drohenden Gefahren charakterisiert. Desgleichen fehlt die Begegnung des Stadtrats mit dem Major, mithin die Demütigung durch ihn und der imponierende Auftritt seiner Frau Adele. Die Auseinandersetzung mit den Faschisten wird im *Wochenendspiel* überdies nicht in Szene gesetzt, sondern lediglich von Martin berichtet. Er erscheint hier am Ende als der grandiose politische Akteur: Als Konsequenz seines Ausschlusses hat er bereits einen »neuen Schutzbund gegründet«, für den er Betz als neues Mitglied gewinnen möchte. Schließlich ist auch die Figur des »Kameraden aus Magdeburg« erst in der Endfassung zu finden; mit ihr versteht es Horváth, die Position Martins im politischen Spektrum der Zeit genauer zu verorten. Indem Martin nunmehr eher in Richtung politischer Mitte tendiert, da der radikal linke Standpunkt vom »Magdeburger« vertreten wird, werden damit verstärkt die Spannungen auf der Linken thematisiert.

Die Auflagenhöhe der Erstausgabe im Berliner Propyläen Verlag ist nicht bekannt, daher muss auch unklar bleiben, wie viele Exemplare wann verkauft wurden und ob diese Auflage bereits vor Horváths Tod 1938 vergriffen war. Erst mit dem Band *Stücke*, den Traugott Krischke 1961 herausgab, war das Volksstück, zusammen mit sechs weiteren, wieder im Buchhandel erhältlich. Die Fassung *Ein Wochenendspiel* wurde erstmals 1974 editiert, nachdem 1970/71 in der Ausgabe der *Gesammelten Werke* Horváths bereits erste Entwürfe und Varianten abgedruckt waren.

Die Uraufführung der *Italienischen Nacht* fand am 20. März 1931 im Theater am Schiffbauerdamm unter der Regie Francesco von Mendelssohns (1901–1972) statt. Im Programmheft der Uraufführung war ein Brief Carl Zuckmayers abgedruckt, der ein halbes Jahr später, im Oktober 1931, Ödön von Horváth gemeinsam mit Erik Reger den Kleist-Preis zusprach: Uraufführung C. Zuckmayers Brief

> »Lieber Horvath! Ich muß Ihnen einen Gruß schicken und meinen Dank sagen, in großer Freude über Ihr dichterisches, mutiges und kluges Lustspiel *Italienische Nacht*, das ich gerade gelesen habe. Da ist Blick und Griff, Sicherheit des Instinkts, Humor und vor allem: innere Unabhängigkeit. Der große Reiz des Stückes liegt für mich vor allem in der bezaubernden Leichtigkeit und Echtheit der Dialoge, deren Verknüpfungen und geistige Hintergründe ebenso sicher wie absichtslos, unaufdringlich, spürbar sind, – und in der Luft zwischen den Menschen, der Lebensdichtheit der Atmosphäre. Vielfach wird man Ihr Stück mißverstehen – wird versuchen, es politisch einzuschachteln, abzugrenzen, dem Schlagworthorizont bequemer und billiger faßbar zu machen. Kümmern Sie sich nicht darum, lassen Sie Sich nicht beirren! Ihr Weg ist richtig, er führt zu neuer Menschengestaltung, zu neuer Lebensdeutung, zum neuen deutschen Drama. Ich beglückwünsche Sie dazu! In herzlicher Kameradschaft! Ihr Carl Zuckmayer.«

Eigentlich sollte die *Italienische Nacht* nur einmal gespielt werden, doch wegen des Premierenerfolgs wurde es in den Abendspielplan übernommen und bis zum Ende der Spielzeit am 9. April insgesamt 20-mal gezeigt. Ernst Josef Aufricht (1898–1971), Direktor jenes legendären Berliner Theaters, in dem Bertolt Brechts (1898–1956) *Dreigroschenoper* 1928 ihre Premiere feierte und zum größten Theatererfolg der Weimarer Republik wurde, erinnert sich, wie ihm Horváth das Stück mit dem Hinweis, es sei »eine aktuelle politische Komödie« im Berliner Nachtlokal Schwanecke überreichte, er es dann noch in derselben Nacht durchlas, um am nächsten Tag mit dem Autor ver- E. J. Aufricht traglich zu vereinbaren, es sofort zu spielen. Über die Premiere berichtete der Theatermacher folgendes:

»In Horváths brillanter Komödie kommt ein SA-Sturm in Uniform auf die Bühne und wird lächerlich gemacht. Elsa Wagner als Frau eines demokratischen Stadtrats macht den Sturmführer zur Sau. Ich lud den Gauleiter Hinkel und den Schriftsteller Arnolt Bronnen, der frühzeitig zu den Nationalsozialisten übergewechselt war, zur Premiere ein. Die beiden Nazis ließen sich nicht provozieren. Sie applaudierten wie die anderen Zuschauer der erfolgreichen Uraufführung. Die Stücke Horváths gefielen dem Berliner Premierenpublikum und der Kritik, das große Publikum erreichten sie nicht. *Italienische Nacht* hatte von allen in Berlin aufgeführten Komödien von Horváth die längste Spieldauer. Sie beruhigte die Menschen wegen der ironischen Beurteilung der politischen Lage. Es war meine letzte Aufführung im Theater am Schiffbauerdamm.«

Es dürfte wohl kaum verwundern, dass die Zeitgenossen 1931 dem politischen Thema der *Italienischen Nacht* weit mehr Aufmerksamkeit widmeten als der Form und zunächst den Autor vorstellten, wie etwa der Theaterschriftsteller und Kulturkritiker Julius Bab (1881–1955):

J. Bab

»Dieser Horváth hat die ganze bittere Gereiztheit der heutigen Jugend im Blut. Und was er spricht, ist Schrecken, und was er schreibt, ist Wut. Da er aber dabei ein ernstlich begabter dichterischer Mensch ist, mit einem starken Gefühl für lebendige Wesen, so nimmt auch seine Wut nicht die bequeme Form einer Parteiagitation an; wenn in diesem ›Volksstück‹ sehr bitter über die Politik gehöhnt wird, so hat keine Partei sich darüber zu freuen. Der Hohn gilt der spielerischen und phrasenhaften Politisierung unseres ganzen Lebens. Die Faschisten, die gigantisch konfuse Reden schmettern und Nachtübungen mit Kleinkaliber machen, sind hier genauso komisch wie die republikanischen Spießbürger, die ›Italienische Nacht‹ feiern, und auch die radikale Opposition zur Linken sitzt in nicht gerade imposanter Breite auf ihren Schlagworten. Das spielt sich in irgendeinem bayerischen Nest mit einer großen und amüsanten Lebendigkeit und Sprache ab.«

Dieses Lob konnte Bab allerdings nicht davon abhalten, letztlich von einer »nur halb geglückten Komödie« zu sprechen, denn die »dramatische Erfindung ist all zu mager. Ob die prächtige ›Italienische Nacht‹ zustande kommt oder gestört wird, das ist als Gegenstand unserer Spannung ein bißchen wenig« (Mat. XI, S. 92). Von den Qualitäten der Regie war in den Rezensionen kaum die Rede, und wenn, dann negativ: Herbert Jhering (1888–1977) nannte Francesco von Mendelssohn schlichtweg einen »Dilettanten«. Auch die schauspielerischen Leistungen wurden vergleichsweise wenig gewürdigt, bis auf zwei Ausnahmen: Neben Oskar Simas (1896–1969) glänzender Darstellung des Stadtrats wurde insbesondere Elsa Wagners (1881–1975) Auftritt als Adele ausführlich beschrieben; in Arthur Eloessers (1870–1938) Rezension etwa heißt es:

H. Jhering

A. Eloesser

> »Der ›Herr Major‹ werden vielmehr von der Frau Stadtrat in die Flucht geschlagen, die mutig vor ihren Mann tritt, obgleich sie als Haussklavin des republikanischen Freiheitskämpfers schon unheilbar verblödet schien. Prachtvoll Elsa Wagner, wenn die Sklavin die Kette bricht und die glänzenden Ledergamaschen allein durch die Stimme der Vernunft zum Davonlaufen bringt. Ich lachte, aber nur mit einem Aug; das andere weinte über die unsühnbare Schandtat an einer Frau, die von glänzenden Ledergamaschen, von ritterlichen Sporenstiefeln totgetreten und ins Wasser geworfen wurde.«

Und der Schriftsteller und Kritiker Norbert Falk (1872–1932) sah in dem Einschreiten Adeles sogar »die stärkste Szene des ganzen Begebenheitenverlaufs, dem zu einem ›Stück‹ die Konzentration, die innere Verbundenheit der Glieder fehlt« (ebd., S. 97).

N. Falk

Generell sah sich Horváth von zwei Seiten angegriffen. Einerseits wurde ihm die fehlende Stringenz seines Lustspiels vorgeworfen, beispielsweise von Felix Hollaender (1867–1931):

F. Hollaender

> »Der junge Mensch, der die sieben lockeren Szenen verfaßt hat, besitzt unzweifelhaft Talent. Hier ein hübscher Spaß, dort ein nettes Wort – und zuweilen eine ulkige Tat erweisen es. Es kommt indessen zu keiner Geschlossenheit. Und für einen langen Theaterabend reicht die Begabung vorläufig noch nicht, obwohl einzelne Figuren schüchterne Ansätze zu

plastischer Charakteristik zeigen – und der Autor von dem Kontrapunkt des theatralischen Dialogs instinktiv zu wissen scheint. Was nützt das alles, wenn schließlich das Wort zerrinnt, das Ganze versandet – und die Farben seines Bilderbogens zerfließen –, diese Farben, die zu dick und grob aufgetragen sind, so daß von feinerer Tönung nicht gut die Rede sein kann. Noch mangelt dem Dichter Ödön Horváth der einheitliche dramatische Wille in gleichem Maße wie die schöpferische Kraft, hinter die Menschlichkeit seiner Figuren zu dringen. Ein einziges Mal gibt er den Aufschrei einer getretenen Kreatur – aber auch hier bleibt er an der Oberfläche und läßt das Tragische mehr ahnen als erfühlen. Zuletzt fragt man sich – was will er eigentlich – und wohin führt sein Weg? Aufzeigen, daß die politische Welt eine Narrenbude ist, behaust von Schwätzern und Schaumschlägern? Dazu fehlt seiner Satire das Format. Dazu ist sie zu billig und bereits zu stark verbraucht« (ebd., S. 100 f.).

H. Jhering

Auch bei Herbert Jhering überwogen trotz der positiven Schlussworte, »eine mutige Aufführung, eine fördernswerte Tat«, die kritischen Töne:

»In der Mitte des Stückes wird ein Denkmalsattentat verübt. Die Büste des ehemaligen Landesvaters wird rot angestrichen. Ein schwaches Mittel, um die Handlung anzukurbeln. Richtiger wäre gewesen: einen ernsten Konfliktsfall ins Zentrum zu stellen und dann komödienhaft, satirisch, aggressiv zu zeigen, wie ein wesentlicher Gegensatz verbonzt, verspießert, abgebogen, verdorben, korrumpiert wird. Das wäre die richtige Komödie gewesen. Ferner: der Gegensatz innerhalb der ›Republikaner‹ ist auf saturiertes Alter und Jugend gestellt. Hier wäre ein Partei-, ein Weltanschauungsgegensatz nötig gewesen. Der Generationsgegensatz ist abgebraucht.«

Neben fehlender Kohärenz und mangelhafter formaler Gestaltung des Stückes wurde andererseits v. a. ein eindeutiger politischer Standpunkt des Autors vermisst. Noch moderat in seiner Kritik, hielt Franz Köppen fest:

F. Köppen

»Schade, daß dieses Spießertum nicht intensiver als zwischen zwei Feuern stehend, von zwei Seiten bedrängt, dargestellt wird. Dem Aktivismus auf der Rechten müßte ein gleich starker von links her die Waage halten. Aber die Gruppe derer, die das zerschlissene Banner des philiströsen Republikanismus verlassen, gegen diese Schlafmützigkeit und Selbstgefälligkeit frondieren, ist dem Verfasser zu blaß, zu wenig intensiv geraten. Es müßte denn sein, daß hier eine Absicht vorliegt: sofern Horváth nämlich darstellen will, daß, wer einmal die Atmosphäre dieses Spießertums geatmet hat, aktivistischer Kraftbetätigung nicht mehr fähig ist, und daß eben dieses Spießertum nicht umzubringen, sondern ewig ist« (ebd., S. 104).

Kritik von Parteiorganen

Auf entschiedene Ablehnung stieß die Komödie dagegen bei den parteipolitisch orientierten Blättern: Das KPD-Organ *Rote Fahne* etwa warf dem Autor vor, er »verhohnepippelt ein bissel die Republikaner, ein bissel die Faschisten, alles recht unverbindlich, gibt ein wenig kleinstädtisches Spießermilieu, ohne sich selbst wesentlich von anderen Spießern zu unterscheiden«, während die nationale Zeitung *Der Tag* in dem Stück nur »eine armselige Hetze gegen den Nationalsozialismus« sah. Ähnliche Töne schlug Richard Riedel an:

R. Riedel

»Aber leider ist der Autor menschlich zu klein, um durchweg die lächelnde Überlegenheit [bei der Darstellung des Stadtrats] zu wahren. Sobald er an die Faschisten gelangt, wird er armselig und gehässig. Da gelingt ihm nicht ein einziger lebendiger Mensch. Da vergißt er überhaupt den Menschen (um den und um dessen Schwächen allein es in der Komödie geht) und meint die Partei, die Bewegung, den Geist – in dessen Nähe er Gefahren wittert. Er wird bissig. Die ›Faschisten‹ sind für ihn Großmäuler, die vor echten Kerlen davonlaufen; Hohlköpfe, die nichts Besseres zu tun haben, als sich in Uniformen zu spreizen und Krieg zu spielen. Horváth lächelt seinen demokratischen Spießern nach, aber hinter den Nationalsozialisten grinst er gehässig her. Deshalb bleibt als letzter Eindruck die Hetze« (ebd., S. 109).

F. Servaes

Franz Servaes (1862–1947), Theaterkritiker des Berliner *Lokal-Anzeigers*, glaubte am Ende gar, einmal mehr auf den »ungarischen Verfasser« hinweisen zu müssen, um schließlich die nationale Frage zu stellen: »Haben denn Deutsch schreibende Autoren wirklich nichts Besseres zu tun, als in solch berüchtigter

Manier an unseren heimischen Zuständen ihr Mütchen zu kühlen und das, was wir als Tragik empfinden, mit billigem Witz zur Pöbelwiese zu präparieren?!« (ebd., S. 110)

Horváths Auftritte vor Gericht

Als entscheidend für die zeitweilige Einschätzung seines Stücks, mehr noch aber für die Biographie des Autors, erwiesen sich Horváths Auftritte vor Gericht: Durch Zufall war er Zeuge einer Saalschlacht geworden, bei der am 1. Februar 1931 im Murnauer Kirchmeir-Saal ein SA-Trupp eine Veranstaltung der Sozialisten gesprengt hatte; am 22. Juli 1931 musste er daher vor dem Weilheimer Schöffengericht und am 29. Oktober 1931 im Berufungsverfahren vor dem Münchner Landgericht als wichtiger Zeuge aussagen. Blieb sein striktes Eintreten für die »Weimarer Verfassung« in diesem Prozess allein den Lesern der lokalen Zeitungen vorbehalten, so hatten deren Artikel zweifellos zur Folge, dass sich sein Leben in Murnau von Grund auf veränderte. Zunehmend wurde er zum Außenseiter in seinem Heimatort, der sich anschickte, zu einer Hochburg der Nationalsozialisten zu werden. Aber auch die überregionale nationale Presse hatte, insbesondere nach der Verleihung des Kleist-Preises an ihn, inzwischen Horváth aufs Korn genommen. Nicht zuletzt die *Italienische Nacht* zitierte der Kritiker des *Völkischen Beobachters*, um ihm einerseits »wertloseste, dürftigste und platteste Tendenzliteratur« vorzuwerfen, mit der er »nicht einmal die Höhenlage der Mittelmäßigkeit erreicht« habe, und anderseits den »Salonkulturbolschewisten« anzugreifen, dessen Stück ein »ebenso fades wie lächerliches Beispiel dafür« sei, »wie der kleine Ödön sich die große deutsche Freiheitsbewegung vorstellt«. Für Rainer Schlösser (1899–1945), den späteren Reichsdramaturgen, stand bereits im November 1931 eindeutig fest: »Und wir wissen, daß Horváth deutschen Menschen nichts, aber auch gar nichts zu sagen hat.« Nach der Premiere von *Kasimir und Karoline* im November 1932 konnte kein Horváth-Stück mehr auf deutschen Bühnen gespielt und keines seiner Bücher gekauft werden. Zwar kündigte sein Verlag sowohl im Oktober 1931 als auch im Februar 1932 noch eine Aufführung der *Italienischen Nacht* am Leipziger Komödienhaus an, doch diese wurde ebenso wenig realisiert wie die annoncierten Premieren anderer Horváth-Stücke. Schlösser brachte den Standpunkt der NSDAP klar

R. Schlösser

zum Ausdruck, als er am 14. Februar 1933 im *Völkischen Beobachter* schrieb: »Ödön von Horváth besaß die Frechheit, die Nationalsozialisten anzupöbeln. Seine *Italienische Nacht* zeichnet uns als Feiglinge, die durch ein einziges Schimpfwort seitens einer Frau in die Flucht geschlagen werden können. Wird sich der Ödön noch wundern!«

Erstaufführung in Wien

Gegenüber der Berliner Fassung des Stücks, in der noch alle Kritiker die Satire, die »politische Komödie« betonten, stand die Wiener Erstaufführung am 4. Juli 1931 im Raimund-Theater weit weniger im Zeichen der Politik; für die dortigen Zuschauer wurde »eine chemisch gereinigte Ausgabe des Werkes geboten« (ebd., S. 120), bei der u. a. der beherzte Auftritt Adeles in der Schlussszene fehlte. Unter der Regie von Oskar Sima, der wieder den Stadtrat spielte, avancierte das Stück zu einem Publikums- und Kritikererfolg; in der Zeitung *Der Morgen* heißt es über die Inszenierung, die insgesamt 27-mal gespielt wurde:

> »Solange Horváth sich auf dem Gebiet der illustrativen Satire bewegt, ist er unterhaltend; Typen, die an sich Karikaturen bedeuten, sind lebenswahr wiedergegeben. Nur wenn er sich auf Zehenspitzen stellt und zum Tendenzstück emporrecken möchte, stellt sich abschwächende Wirkung ein – man soll eben nicht über sich hinauswollen. Ödön Horváth scheint im übrigen seine Pappenheimer zu kennen; das Publikum wieherte, brüllte, schrie vor Lachen, gab sich dem Genuß jeder Pointe, jedes hier nicht zu wiederholenden Kraftausdruckes mit heller Begeisterung hin« (ebd., S. 121).

Zum politischen Gehalt des Lustspiels schrieb ein anderer Rezensent:

> »Im tiefsten ist diese politische Satire antipolitisch. Weg mit der vielen Politik! Sie gibt den Menschen zu viele große Worte, sie drapiert die Leute mit einem Pathos, das ihnen nicht zu Gesicht steht, sie zwingt sie zu Maskeraden. Alle Achtung vor dem echten Spießer! Namentlich nach dem Weltkrieg sollte man jeden nur hochschätzen, der nicht das Pulver erfunden hätte. Aber völlig unerträglich ist der verfälschte Philister: der Spießer, der sich revolutionär und heroisch gebärdet. Ein Haustyrann ist ein Greuel, aber ein zehnfaches Greuel ist der Haustyrann, der sozial zu sein vorgibt. Entfielen die politi-

schen Ideologen, wäre das Leben idealer: es gäbe mehr Echtheit, die Menschen würden dann sich selbst doch ähnlicher sehen« (ebd., S. 134).

Obwohl Horváth selbst unter den Premierengästen in Wien weilte, sind von ihm keine Kommentare zu dieser Aufführung überliefert. In einem Interview mit der *Wiener Allgemeinen Zeitung* erklärte er lediglich, der Inhalt sei »mit einigen Worten sehr schwer zu umschreiben: Es geht nicht gegen die Politik, aber gegen die Masse der Politisierenden, gegen die vor allem in Deutschland sichtbare Versumpfung, den Gebrauch politischer Schlagworte« (Mat. XI, S. 119).

Horváth über die *Italienische Nacht*

In einem späteren Interview mit Willy Cronauer, das am 4. April 1932 im bayerischen Rundfunk zu hören war (vgl. Bd. 11, S. 196–206), hält Horváth eher allgemein fest, er habe »das alte Volksstück, formal und ethisch« zerstört und versucht, »als dramatischer Chronist mehr die neue Form des Volksstückes zu treffen«. Für ihn ist diese neue Form auch »mehr eine schildernde als eine dramatische«, und sie »knüpft mehr an die Tradition der Volkssänger und Volkskomiker an, als an die Autoren der früheren Volksstücke« (ebd., S. 241). In Horváths später zum programmatischen Text seiner Dramaturgie erklärten *Gebrauchsanweisung*, entstanden als Reaktion auf die Aufführungspraxis von *Kasimir und Karoline*, fehlen ebenfalls detaillierte Anmerkungen zu seinem dramatischen Œuvre. Dennoch betont er, dass die praktischen Anweisungen für all seine Stücke »außer der ›Bergbahn‹« (ebd., S. 256) gedacht seien. Ingesamt gelte:

Horváth über das Volksstück

Gebrauchsanweisung

> »Nicht nur ›Kasimir und Karoline‹, sondern alle meine bisherigen und soweit ich mich überblicken kann, alle meine nächsten Stücke haben ein einziges dramatisches Thema: Kampf des sozialen Bewußtseins gegen das asoziale Triebleben und umgekehrt. Die sogenannte dramatische Handlung ist eine rein sekundäre Angelegenheit, ist nur der Rahmen« (ebd., S. 248).

Insofern sind in der *Gebrauchsanweisung* letztlich jene Kategorien zu finden, die Horváth selbst anbietet, um seinem Werk gerecht zu werden, was allerdings nicht bedeutet, dass diese am Ende auch stets dem Anspruch des Autors genügen. Vielmehr erweist sich in der Aufführungspraxis, dass viele Einschätzungen Horváths zu revidieren bzw. aktualisieren sind, während andere sich mittlerweile als so elementare Grundbedingungen herausgestellt haben, dass sie keineswegs fehlen dürfen und nicht immer wieder aufs Neue entdeckt werden müssen.

Inszenierungen nach dem Zweiten Weltkrieg

Im Gegensatz zu *Geschichten aus dem Wiener Wald* und *Kasimir und Karoline*, die bereits kurz nach dem Zweiten Weltkrieg wieder auf die Bühne gelangten, war die *Italienische Nacht* nach der deutschen und österreichischen Premiere erst im Jahr 1966 wieder zu sehen: am 17. März im Ersten Programm des deutschen Fernsehens. Erstaunlich sind dabei die Kontinuitäten, denn wie bei der Uraufführung 1931 spielte Oskar Sima erneut den Stadtrat, und dies auf dem Bildschirm so überzeugend, dass Walter Jens als Fernsehkritiker »Momos« fragte: »Sah man jemals einen Schauspieler, der die Verschwisterung von Gemütlichkeit und Verblendung, von spießigem Biedermannssinn und gemeingefährlicher Narrheit überzeugender vorexerzierte als Oskar Sima?« Regie führte einmal mehr Michael Kehlmann, der 1959 nicht nur das erste Horváth-Stück für das Fernsehen inszeniert hatte, sondern auch danach mit seinen TV-Inszenierungen entscheidend zu einer Horváth-Renaissance auf den Bühnen beitrug (vgl. Mat. V, S. 285 ff.). Den großen Erfolg schrieb Jens v. a. der Dialogführung und einer insgesamt werk- und wortgetreuen Inszenierung zu, die die Gespräche so »realistisch-dialektgetönt wie abstrakt und stilisiert, auf Wortwiederholungen und leitmotivische Floskeln hin angelegt« präsentierte, dass die »Temperierung des bösartig-sanften Geplauders [...] ein Genuß nicht nur für Soziologen und Ästheten war«.

M. Kehlmann

Proteste gegen das Stück

Auf der Bühne wurde das Lustspiel ein Jahr später dann als »Wetterleuchten eines großen Untergangs« präsentiert. Die Konstanzer Inszenierung im Februar 1967 schrieb allerdings weniger wegen der künstlerischen Darbietung als vielmehr durch die Reaktionen der Zuschauer Theatergeschichte, denn das Stück sollte vom Spielplan abgesetzt werden. Als »Warnung« wollte der Regisseur Kraft-Alexander Prinz zu Hohenlohe seine Inszenierung verstanden wissen, und die Proteste zeigten nach Ansicht des Kritikers von *Theater heute*: »Einige Leute fühlten sich offenbar getroffen. Die *Italienische Nacht* hat gegenüber Bühnenwerken über unsere mehr oder weniger bewältigte Vergangenheit einen eminenten Vorzug: dieses ›Volksstück‹ ist authentisch, aus der Sicht der Zeit entstanden.«

H. Hollmann

Die Stuttgarter Inszenierung ein halbes Jahr später sorgte für weniger Wirbel im Zuschauerraum; Hans Hollmann brachte die *Italienische Nacht* überzeugend auf die Bühne und stellte erstmals programmatisch seinen Bühnenstil vor, den er Jahre später in *Einige Grundsätze für künftige Horváth-Regisseure* (Mat. III, S. 96 ff.) zusammenfasste. Als Motiv für seine Inszenierung bemerkte der Regisseur im Programmheft: »Die Führer der republikanischen Parteien in Berlin standen dem Angriff des Faschismus in ähnlichem, durch nichts begründeten Optimismus gegenüber. Das heißt, sie ahnten die Gefahr, erkannten sie sicher auch, dachten aber, es wird schon nicht so schlimm werden. Darum finde ich, muß die *Italienische Nacht* heute aufgeführt werden.«

Parallelen zur Gegenwart 1967

Zugleich konkretisierte er die Parallelen des Stückes zur bundesrepublikanischen Gegenwart, indem er betonte:

> »Wenn man den Druck von rechts untersucht, kann man das Jahr 1967 nicht mit dem Jahr 1930 gleichsetzen. Dem Jahr 1930 entsprächen hier eher die frühen zwanziger Jahre. Vergleichbar hingegen, finde ich, sind gewisse Verhaltensweisen und Tendenzen der SPD von 1967 mit dem, was Horváth an der SPD von 1930 kritisiert« (vgl. den Abdruck des kompletten Programmhefts dieser Inszenierung bei Gisela Günther, Anhang II, S. 244 ff.).

H. Karasek

Für Hellmuth Karasek spielten diese historischen Anspielungen weniger eine Rolle, da Horváth sich in solch geglückten Inszenierungen als »Menschenbeobachter von Tschechowscher Exaktheit« erweise und ihm vielmehr das Kunststück gelinge,

> »daß eine schwache Sprache die stärksten Auskünfte über ihre Sprecher erteilt. In der Phrase, in der sich die Nazis und die Stehkragen-Proleten, die Jungsozialisten, die Liebe stammelnden Mädchen und Vorstadtverführer zu tarnen meinen, verraten sie sich auf das deutlichste. Kleine Worte ergeben dabei, fast mit mathematischer Präzision, große Gefühle, umgekehrt große Worte kleinliche Schäbigkeiten. Die Menschen Horváths zappeln in einem Bewußtseinsnetz der vorgestanz-

ten Meinungen, der vorgeschützten Attitüden. Kaum je hat ein Autor dem Volk genauer aufs Maul geschaut – um ihm abzulauschen, was alles andere als ›bodenständig‹ ist, sondern was sozusagen von einer Wortindustrie den Leuten angeliefert wird.«

1968 wurde an der Freien Volksbühne Berlin erstmals eine Fassung gespielt, die »unveröffentlichte Manuskripte aus dem Horváth-Archiv der Akademie der Künste Berlin« enthält. Kritiker wie etwa Friedrich Luft (1911–1990) ignorierten jedoch schlicht die einzelnen Veränderungen oder Ergänzungen. Entscheidend für ihn war eher der anfangs fehlende Spielrhythmus der Inszenierung Hansjörg Utzeraths, daher lautete seine Empfehlung: »Man ziehe das Tempo von vornherein an, man schmeiße alle Musikeinlagen hinaus, spiele Horváth [...] und man hat eine prima Aufführung.« Hingegen bemerkte Volker Klotz den veränderten »Schluß, der die Heutigen noch härter anspringt. [...] Ja die Zukunft: in dreißig Jahren werden sich so oder so die Schwierigkeiten behoben haben. Dann wird sichs ruhig leben lassen – 1960.«

F. Luft

Die DDR-Erstaufführung 1969 in Magdeburg betonte, ganz dem gesellschaftlichen Zeitgeist folgend, den politischen Gehalt des Stückes:

Erstaufführung in der DDR

> »Die Magdeburger erkannten klar die inhaltliche Bedeutung des Stücks, seine aktuelle, zeitbezogene Aussage: die Parallelität (nicht Identität) der Haltungen deutscher Kleinbürger der vorfaschistischen Jahre mit denen breiter Schichten heutiger Bundesbürger als manipulierte, bewußt apolitische Haltung: provinzielle Borniertheit und politische Sorglosigkeit, versteckt hinter den gängigen Phrasen von Freiheit und Democracy. Das macht das Stück wichtig für uns.«

Trotzdem bemängelte der Kritiker von *Theater der Zeit* die fehlende ästhetische Präsentation der Komödie, die fatale Charakteristik Martins als positiver Held. An die Textvorgaben Horváths hielt sich diese Inszenierung kaum, denn anfänglich war der »Kamerad aus Magdeburg« ganz gestrichen, wurde allerdings nach Protesten später als »fremder Kamerad« wieder in den Spielverlauf eingefügt. Zugleich konnte man auf dem Programmzettel – keineswegs korrekt – lesen: »Ort: Eine Kleinstadt in Deutschland. Zeit: Sommer 1930«.

Erste Nachkriegsinszenierung in Wien

Im gleichen Jahr wurde das Stück schließlich auch zum ersten Mal nach der Erstaufführung 1931 wieder in Wien gespielt. Regie führte Wolf Dietrich, der es zwei Jahre später nochmals auf die Bühne brachte und seine dabei gewonnenen Überlegungen ebenso wie bereits Hollmann publizierte: *Einige Grundsätze für heutige Horváth-Regisseure* (Mat. III, S. 102 ff.). Die Kritik lobte diese subtile Inszenierung, v. a. wegen ihrer Aktualität:

> »Heute, da wir wissen, daß sich erfüllt hat, was Horváth damals vorausgeahnt, vorausgesehen hatte, erstickt uns das Lachen im Hals. Die Saalschlacht der Phrasen, das Striptease von Dummheit und Lüge, die Demaskierung politischer wie moralischer Floskeln, die sich in dieser *Italienischen Nacht* begeben, werden um so gespenstischer, je mehr sie daran erinnern, dies einmal alles selbst erlebt zu haben. Ja, um so erschreckender, je mehr sie uns zum Bewußtsein bringen, wie sehr sie schon wieder Aktualität besitzen.«

Aktualität des Stücks

1971 stellte Wolf Dietrich in seiner Frankfurter Inszenierung erneut die Frage, inwiefern dieses Lustspiel noch zeitgemäß sei. Zwar hoben die Kritiker einerseits die Differenzen zwischen 1931 und 1971 hervor – schließlich habe man gerade erst das Wirtschaftswunder erlebt, und »statt eine ›Italienische Nacht‹ zu feiern, fahren die Kleinbürger heute gleich direkt nach Italien« –, doch andererseits konstatierten sie noch immer Gemeinsamkeiten:

> »Die Borniertheit des Durchschnittsmenschen hat noch keiner so unkaschiert als Wurzel allen Übels aufgezeigt, und an ihr hat sich wenig geändert. Die Aversion gegen die Politik ist heute kaum geringer, obwohl inzwischen, von der Jugend abgesehen, jeder am eigenen Leibe ein zweites Mal die Folgen falscher Politik gräßlich zu spüren bekommen hat. [...] Deshalb ist *Italienische Nacht* viel aktueller, als es den Anschein hat – die Wurzeln der Misere, die Horváth bloßlegt, sind noch vorhanden –, auch die zweite deutsche Republik ist viel gefährdeter, als sie glaubt, mag auch die Apo nicht mehr und die SA noch nicht marschieren.«

In den 1960er- und frühen 1970er-Jahren bildete sich der Typus eines genuinen »Horváth-Regisseurs« heraus, der nicht nur die verschiedensten Bühnenwerke des Autors inszenierte, sondern sich mehrmals mit einem Stück auseinander setzte. Zu nennen ist hier neben Hans Hollmann v. a. Michael Kehlmann, der 1972 die *Italienische Nacht* im Hamburger Schauspielhaus nach sechs Jahren erneut in Szene setzte, wobei diesmal die Komik und das Amüsement derart dominierten, dass sich das Feuilleton enttäuscht abwandte: »Satire von gestern – Boulevard von heute«.

Inszenierungen in den 1960er- und 1970er-Jahren

So pendelten die Inszenierungen in den 1960er- und 1970er-Jahren hin und her zwischen eher unpolitischen Darbietungen eines Festes auf der einen Seite – bei dem der Spaß allgemein im Vordergrund steht und weniger der von Alfred Kerr (1876–1948) 1931 diagnostizierte »gelungene Zeitspaß« – und mehr dem politischem Zeitgeist verpflichtenden Aufführungen und aktualisierenden Sichtweisen auf der anderen Seite. Dabei bezog man das Stück je nach momentanen politischen Ereignissen, wie etwa das Erstarken der NPD oder die Probleme der Jungsozialisten innerhalb der Partei, auf die Gegenwart, so dass die Begebenheiten um 1930 in den Kontext laufender Diskussionen gerückt werden konnten.

Zwischen diesen beiden Polen waren nicht wenige Inszenierungen bemüht, »in minutiösen historischen Genauigkeiten [...] ein unverwechselbares bayerisches 1930, die republikanische Dämmerung vor der Heraufkunft des Faschismus so milieugerecht herzustellen« wie die Inszenierung von Dieter Hackemann im Münchner Residenztheater 1971, die den Kritiker der *Süddeutschen Zeitung* allerdings leicht enerviert fragen ließ: »War Horváth nur ein Polit-Zoologe?«; zu nennen ist in diesem Kontext auch Fritz Zechas *Italienische Nacht* in Göttingen 1975, die eine gewissenhafte Darbietung der »politischen Mentalitäten, Kräfte und Fronten« um 1930/31 verfolgte.

Inszenierungen in den 1980er- und 1990er-Jahren

In den 1980er- und 1990er-Jahre wurde es ruhiger um das Stück – trotz einiger Neuinszenierungen in Bochum, Kiel, Osnabrück, Karlsruhe, Wilhelmshaven oder Graz, wovon Letztere auch im Fernsehen (1986) zu sehen war, und ungeachtet der Tourneeproduktion durch die schweizerische Gruppe 400 ASA (1999).

Kritik an zwei Darstellungsprinzipien

Betrachtet man die Aufführungsgeschichte des Stückes der letzten Jahrzehnte, erkennt man, dass die Kritik v. a. an zwei Darstellungsprinzipien Anstoß nahm: Entweder wurde die plakative Überzeichnung der Figuren oder Ereignisse moniert oder die allzu starke Betonung des Politischen bis hin zur holzschnittartigen Präsentation eines Lehrstücks. Insofern folgt die Bühnenpräsenz der *Italienischen Nacht* rückblickend weitgehend jenem Zyklus, dem auch die allgemeine Wertschätzung des Autors unterlag und den Birgit Schulte 1980 im Titel ihrer Studie pointiert formulierte: *Ödön von Horváth – verschwiegen – gefeiert – glattgelobt*. Zwei Jahrzehnte später fasste Kurt Bartsch die Situation noch einmal zusammen, und lakonisch beschreibt er den jetzigen Umgang mit dem Autor als *Horváth: eine Normalisierung*.

Horváth und seine Stücke in Oper, Film und Fernsehen

Horváths Volksstücke schreiben aber nicht allein Bühnengeschichte, denn sie selbst dienen wiederum als Material für neue Werke, wie etwa die Oper *Geschichten aus dem Wiener Wald* (1984/92) von Miro Belamarić (* 1935) oder das Musical *Knock Out Deutschland* (1994) von Armin Petras und Philipp Stölzl mit der Musik Rio Reisers (1950–1996), das auf *Kasimir und Karoline* basiert. Auch der Autor selbst wurde bereits zur Bühnenfigur, beispielsweise in Christopher Hamptons (* 1946) Drama *Geschichten aus Hollywood* (1982), das zehn Jahre später auch als Spielfilm zu sehen war, mit Jeremy Irons (* 1948) in der Rolle Ödön von Horváths. Zuvor hatte diesen bereits Friedrich von Thun (* 1942) gespielt, als Georg Madeja 1986 das Fernsehspiel *Ein Leben ohne Geländer. Ödön von Horváth* nach einem Buch Traugott Krischkes inszenierte, das die Biographie des Autors als eine Art dokumentarisches Bühnenwerk präsentiert, d. h., reale Personen sprechen in inszenierten Filmszenen meist authentische Horváth-Texte oder Erinnerungen seiner Freunde.

Filmdokumentation der Schweizer Inszenierung

Ein außergewöhnliches Dokument der Bühnen- und Rezeptionsgeschichte der *Italienischen Nacht* stellt der Film über »Theater und Militanz« mit dem Titel *Aufstand der Unauffälligen* dar, der im Jahr 2002 im Fernsehen gezeigt wurde. Ausgangspunkt dieser Produktion war der überraschende Erfolg der Inszenierung durch die Gruppe 400 ASA (1999), über die es in der *Neuen Zürcher Zeitung* heißt:

> »›Im Wirtshaus des Josef Lehninger ... Es ist Sonntag vormittag, und die Sonne scheint‹: Alle rund zwanzig Schauspieler zücken ihre grünen Suhrkamp-Taschenbuchbände und lesen im Chor die erste Regieanweisung vor. Auch das gehört zum

›Bekenntnis 99‹: Nur Text lesen, nicht Text spielen, aber dafür den ganzen Text von der ersten Ortsbeschreibung bis zur letzten Regieanweisung, von den eitlen Spiegelfechtereien über Mein-Marx-dein-Marx bis zur Prügelei mit den Nazis – die hier noch mit dem Sieg der Demokratie endet.«

Die beiden Regisseure Samuel Schwarz und Christoph Kohler zeigen in dem Film allerdings weniger eine Dokumentation dieser Bühnenaufführung als vielmehr eine Montage einzelner Szenenausschnitte mit Schauspielerinterviews sowie Stellungnahmen verschiedener politisch aktiver Zuschauer nach den Aufführungen. Entstanden ist dabei ein »hochkomischer Film über politische Schlagworte, klares Denken und leere Worthülsen; aber auch ein Film über mutiges Handeln, ideologische Geistesblitze und über eine neue Generation politisch aktiver Menschen fern aller 68er-Klischees« (www.400asa.ch).

So schließt sich der Kreis: Aus der Bühneninszenierung der *Italienischen Nacht* und der Frage Horváths, wie Strategien gegen die Nazis aussehen könnten, entstand eine filmische Dokumentation dessen, was das Stück im Jahr 2002 für Zuschauer, Regisseure, Schauspieler jeweils bedeutet und warum sie es noch immer für aktuell halten – wobei der Film konsequent die aktuelle Version eines Politjargons festhält, den Horváth 1930 in den Mittelpunkt seines Lustspiels rückte.

Deutungsansätze

Missverhältnis in der Rezeption

Wer sich heute mit der *Italienischen Nacht* auseinandersetzt, dürfte rasch ein merkwürdiges Missverhältnis feststellen: Es ist zwar Horváths erstes von insgesamt nur zwei veröffentlichten Dramen zu seinen Lebzeiten, dennoch wurde es bislang nur selten eingehend interpretiert. Im Unterschied zu *Geschichten aus dem Wiener Wald* lässt sich die Zahl der Interpreten der *Italienischen Nacht* an einer Hand abzählen. Obwohl diese Komödie in Buchform vorlag, ganz im Gegensatz zu vielen anderen Stücken Horváths, die erst 1961 in Traugott Krischkes Auswahl bzw. erst im Zuge der Publikation der *Gesammelten Werke* 1970/71 erschienen, wurde es sehr spät für das Theater wiederentdeckt. Die verzögerte Bühnenpräsenz hatte allerdings keinen Materialienband wie etwa für *Geschichten aus dem Wiener Wald*, *Kasimir und Karoline*, *Glaube Liebe Hoffnung* zur Folge, die erstmals eine Vielzahl an Würdigungen der Werke Horváths versammelten und auf diese Weise die *Gesammelten Werke* interpretatorisch ergänzten. Auch die zweite Welle verschiedener Materialienbände zu Horváths Leben und Œuvre im Laufe der 1980er-Jahre ließ das erste der vier großen Volksstücke unberücksichtigt.

Publizistische Kritik

Insofern war es weitgehend die publizistische Kritik, die bis weit in die 1970er-Jahre den Blick auf die *Italienische Nacht* bestimmte. Sie begründete frühzeitig das Schema, wonach Horváths Werk letztlich in zwei Teile zerfalle, plastisch formuliert in

U. Jenny

Urs Jennys These: »Das Überzeitliche, verschwommen Metaphysische ist hingewelkt, das Zeitbezogene aktuell geblieben.« Und zur Begründung heißt es anlässlich der Publikation der *Gesammelten Werke* beispielhaft für viele Stimmen:

> »Was Horváths Größe ausmacht, ist in dem unheimlich kurzen Zeitraum von knapp drei Jahren (1930 bis 1932) entstanden: der Roman *Der ewige Spießer* und die vier Stücke *Italienische Nacht*, *Geschichten aus dem Wiener Wald*, *Kasimir und Karoline* und *Glaube Liebe Hoffnung*, die als realistische Zeitbilder im deutschen Theater dieses Jahrhunderts durchaus einzigartig dastehen. Davor: ein sehr gerader An-

lauf zu diesen Meisterwerken, vage Entwürfe voller präziser Details, Fragmente, charakteristische Vorformen; danach: eine seltsame Wandlung, weniger Entwicklung als Regression zu nennen, eine Auflösung in hektisch sprunghafter Arbeit, deren innere Orientierungslosigkeit kaum ganz aus den äußeren Zwängen der Emigrantensituation zu erklären ist« (Urs Jenny, in: Mat. III, S. 72).

Diese Zweiteilung, gepaart mit der Zuneigung zum Dramatiker und der Abneigung gegenüber dem Prosaautor (vgl. exemplarisch Karasek, in: Mat. III, S. 79 ff.), wurde tradiert. Es dürfte daher kaum verwundern, dass sich die erste umfangreiche Untersuchung zum Gesamtwerk v. a. mit dieser Dualität auseinander setzte und zu widerlegen suchte. So stellt Axel Fritz 1973 A. Fritz einen *Ödön von Horváth als Kritiker seiner Zeit* vor; seine immer noch lesenswerte Studie »zum Werk in seinem Verhältnis zum politischen, sozialen und kulturellen Zeitgeschehen« – so der Untertitel – prägte lange den Tenor der Gesamteinschätzung Horváths und passte zudem ins Bild der gesellschaftlich bewegten Zeiten »nach 68«. Horváth konkret als einen »Kritiker der Zeit« oder mit dessen eigenen Worten als »treuen Chronist[en] der Zeit« zu zeichnen bedeutete nach Fritz, die *Italienische Nacht* zunächst innerhalb der verschiedenen »Positionen in der politischen Auseinandersetzung der Weimarer Republik« (S. 41 ff.) einzuordnen und dieses politische Stimmungsbild in den Mittelpunkt zu rücken. Während Fritz einerseits die »Bereitschaft Horváths« betont, »auch die menschlichen Schwächen von Vertretern marxistischer Ideen zu sehen«, hält er andererseits fest:

»Dieses Stück hat nämlich nicht nur den innenpolitischen Radikalismus der bewaffneten Schutzbünde im allgemeinen zum Thema, die gegen Ende der Republik in die politische Auseinandersetzung eingriffen, sondern enthält darüber hinaus eine kritische Musterung sowohl älterer als auch jüngerer Marxisten. Den Ansatzpunkt für seine Kritik findet Horváth auch hier in der Art, wie sich die politische Überzeugung auf den Bereich des persönlichen Lebens auswirkt, und umgekehrt. In dieser Divergenz liegt das Element der politischen Komödie« (S. 64).

Daneben charakterisiert er den Stadtrat (S. 179 f.) im Spektrum »Autoritäre Männer« innerhalb Horváths Werk und widmet sich zuletzt auch noch dem politischen Engagement der Frauen (S. 194 ff.) in diesem Lustspiel.
Diesem vorwiegend »inhaltlichen« und weniger an der sprachlichen und dramaturgischen Form der Stücke orientierten Ansatz, aus dem sich als Aufgabe der Analyse ergab, »die thematische Dominanz, aber auch das Gewicht von Horváths Zeitkritik zu zeigen« (S. 12), folgte ein großer Teil der Interpreten, indem sie die Ergebnisse der Studie ergänzten oder aufgrund neuen Materials präzisierten.
Zugleich formierte sich eine zweite Gruppe innerhalb der Horváth-Philologie, die weniger die Themen der Stücke in den Fokus ihrer Betrachtungen rückte als vielmehr die formalen Mittel des Dramatikers und seine Kunst, Menschen durch ihre Sprache bzw. durch ihren jeweiligen Gebrauch des »Bildungsjargons« zu charakterisieren. Diesem Konzept verpflichtet, zeigt Martin Walder 1974 dem Titel seines Buches entsprechend die *Uneigentlichkeit des Bewußtseins* in diesem Stück auf; konkret heißt dies:

M. Walder

> »Horváth dienen die politisch-zwischenmenschlichen Spannungen – und damit geht er über die bloße Darstellung einer ›Versumpfung‹ oft weit hinaus – dazu, in Verhaltensweisen *Bewußtseinszustände* und ihre *Veränderungen* bloßzulegen, zu welchem Zweck er gleichsam Tiefenschnitte durch verschiedene Exponenten der Gruppe der Sozialisten legt und sie von ihrem ›veröffentlichten‹ Bewußtsein, der sprachlichen und gestischen Erscheinung also, bis hinein in dessen untergründige Mechanismen analysiert. Ihren bestimmten dramatischen Stellenwert erhalten sie dabei in einer ganz allgemein politischen Hinsicht: innerhalb des Spannungsfeldes von Individuum und Gesellschaft durch die Überlagerung natürlicher und gesellschaftlicher Gegebenheiten in der psychischen Struktur der einzelnen, oder vielleicht Horváth adäquater: von qualitativ verschiedenen inneren wie äußeren Kräften« (S. 11).

Walder, der sich als Erster detailliert der *Italienischen Nacht* widmete, interpretiert die Komödie – und dies markiert den extremen Gegensatz zu einer v. a. an der Botschaft orientierten Analyse à la Fritz – konsequent »nach der Bewußtseinsstruktur seiner Protagonisten«, schließlich sei sie in ihrem »Kern modellhaft angelegt« (S. 27):

»In *Italienische Nacht* war Karls Bewußtseinssteuerung dadurch leicht zu verfolgen, daß wenige bestimmte Inhalte an wenige bestimmte Personen gebunden waren. Das uneigentliche Bewußtsein disqualifiziert sich dort primär aus den Beziehungen Karls zu Leni, Martin oder Anna bezüglich ihrer Repräsentanz für ihn und erst vermittels dieser anhand von Bewußtseinsinhalten aus der Erscheinung. Dabei scheint es aber, als entziehe die Möglichkeit der kausalen Erklärung von Verhaltensweisen diesen die direkte Strahlungskraft ihrer Artikulation, welche immer mittelbar auf die psychischen Mechanismen weiter verweist und nicht ›nur‹ in jedem Augenblick unmittelbares Abbild von Schein und Realität der psychischen Struktur ist. Ein Werturteil soll damit keineswegs ausgesprochen sein, hingegen ist die Feststellung wichtig in bezug auf das Realismusproblem, das Horváth zu dramaturgischen Modifikationen veranlaßt haben dürfte« (S. 47).

Solche Abstraktionen mussten zum Widerspruch herausfordern. Auch wenn Walders Name in der Studie von Volker Klotz (1976) nicht fällt, so lesen sich dessen detaillierte Ausführungen zu dem Stück im Einzelnen und zu Horváths »Reagenzdramatik« im Allgemeinen mitunter als Korrektiv zu Walder. Die Machart der *Italienischen Nacht* wie auch der beiden anderen Klassiker *Geschichten aus dem Wiener Wald* und *Kasimir und Karoline* bringt er folgendermaßen auf den Punkt:

V. Klotz

»Horváths Reagenzdramatik«

»Sollte einer versuchen, knapp und faßlich wiederzugeben, was in der *Italienischen Nacht* [...] passiert; wie denn da die Handlung und woraufhin sie ablaufe: er käme in Verlegenheit. Entweder verlöre er sich in ein Gewirr aus lauter partikulären Ereignissen. Oder er zöge sich zurück auf eine allzu abstrakte Formel, die dem jeweiligen Bühnengeschehen kaum gerecht würde. [...] Das macht, es geschieht in diesen Stücken viel und vielerlei [...]. Doch was geschieht, folgt keinem roten Faden. Es kennt keinen Anfang, von wo es ausgehen könnte, um zu einem Ende zu streben, das ohnehin nirgends sich abzeichnet. Denn ziellos verläuft, was alles hier vorgeht« (S. 193).

Der Interpret gibt aber keineswegs auf, und so findet sich auf der gleichen Seite ein Versuch, den Inhalt des Stückes auf neun Zeilen festzuhalten. Und weil Horváths Stücke, Klotz zufolge, gemessen an den alten Volksstücken »a-thematisch« sind, jedenfalls kein Thema haben, »das sich prompt ablesen und auf einen knappen Nenner bringen ließe« und so dem »Publikum also keine bestimmten Einzelthemen, sondern nur ein bestimmtes allgemeines Thema« (S. 198) servieren, sollten sie zum einen mit Blick auf die anderen Volksstücke gesehen und zum anderen stets deren Bühnenwirkung mitberücksichtigt werden. Aus beidem ergibt sich daher für Klotz – und dies markiert seinen neuen Blick auf Horváth –: »Das Thema, das die potentiellen, aber nicht aktualisierten Einzelthemen der jeweiligen Stücke aufhebt, dies allgemeine Thema ist nicht mehr und nicht weniger als die Verfassung ihres Personals« (ebd.). Dieses reagiert dann in den Stücken, weshalb Klotz beständig auf »Horváths Reagenzdramatik« verweist, zum einen auf die Tradition des alten Volksstücks und zum anderen auf bestimmte Katalysatoren, jene »aktuellen sozialgeschichtlichen Anlässe«, die von Stück zu Stück variieren. Für die *Italienische Nacht* lautet der Katalysator schlicht: »öffentliche Duldung faschistischen Militärs«, und sein Zweck besteht allein darin, sämtliche Bühnenfiguren zu Reaktionen zu bewegen und die eigene »Verfassung zu offenbaren«. Daneben verweist Klotz auf ein jeweils ganz spezifisches »Wirklichkeits-Konstrukt«, das in Horváths Stücken als szenischer Grundriss dient: etwa das kleinbürgerliche Sommernachtsfest, das der Titel des Stücks *Italienische Nacht* ankündigt. Dabei handelt es sich weniger um konkrete historische Details aus der Weimarer Zeit, denn obgleich diese in die Konstrukte eingehen, füllen sie diese nicht aus. Fasst man all diese Punkte – Katalysator, Reaktion, Wirklichkeitskonstrukt – zusammen, so ergibt sich nach Klotz folgendes Bild:

»Damit hat das Wirklichkeitskonstrukt *Italienische Nacht* das szenisch-sinnliche Terrain geliefert, wo Horváth dem Publikum seinen dramatischen Prozeß vorführt. Hierbei übernimmt die *Italienische Nacht* eine weitere Aufgabe. Katalytisch hat sie Reaktionen auszulösen bei dem Stoff, auf den sie angesetzt ist. Also beim republikanischen Schutzverband, der, in Berührung mit den spezifischen Eigenschaften der *Italienischen Nacht*, seine zuvor verdeckten spezifischen Eigenschaften offenbart. Er muß ideologisch Farbe bekennen und zugleich die eigene innere Rissigkeit. Wie läuft das ab? Was kommt zum Vorschein?« (S. 210)

In den zwei Fraktionen – vereinfachend gesprochen: den gesetzten Altmitglieder und den kämpferischen Jungen, wobei letztere noch einmal gespalten sind in den »Nur-Genußsüchtigen« und den »Nur-Politischen« – sieht der Interpret einmal mehr die »katalytische Macht des Wirklichkeitskonstrukts *Italienische Nacht*« am Werk.

Wie bei Klotz fehlt auch in Franz Norbert Mennemeiers Studie der Rekurs auf Walder. Seinen Lesern stellt Mennemeier den Inhalt der Komödie so minuziös vor, als erübrige sich damit eine genauere Lektüre. Formal gilt sie ihm als »eine Satire possenhafter Art, wenngleich [...] dem Possenhaften hier das befreiend Komische abgeht«; den satirischen Aspekt betont er wiederholt, um am Ende zu fragen: F. N. Mennemeier

»Welches war die Absicht des Autors bei der Niederschrift des Dramas? War er von Sorge erfüllt, wollte er warnen, zur Umkehr mahnen? – Es hat den Anschein, als habe Horváth längst resigniert, falls er sich je ernsthaft politisch engagiert haben sollte. Die Partie scheint für ihn bereits verloren. In dieser Resignation erweckt Horváth zugleich den Eindruck eines bürgerlichen Menschen von Geschmack, der dem Treiben possierlicher Irrer zuschaut. Drückt er tatsächlich, wie er behauptet hat, hier seine Abneigung gegen das Politisieren als eine korrumpierte Form von Politik aus, oder ist es nicht doch Abneigung gegen Politik überhaupt? Ist Horváth am Ende ein Altösterreicher in seinem Herzen, ein Konservativer, der nicht allein den Zerfall der politischen Sitten, sondern auch den Wandel von der angeblich besseren Zeit zur schlechten Zeit der politischen Unruhe, der unverhüllten Klassenkämpfe beklagt?« (S. 27)

Den Beweis für seine These sieht Mennemeier in Aufrichts Einschätzung der Berliner Uraufführung der *Italienischen Nacht*, wonach diese Komödie »die Menschen wegen der ironischen Beurteilung der politischen Lage« beruhigt habe.

K. Winston Solche Fragen wie Mennemeier stellte sich Krishna Winston 1977 weniger, denn ihre »Close Readings of Six Plays«, so der Untertitel ihrer *Horváth Studies*, erweisen sich letztlich auch im Fall der *Italienischen Nacht* als nicht mehr und nicht weniger als eine detaillierte Nacherzählung, einschließlich einer subtilen Figurenbeschreibung mit entsprechenden Querverweisen auf das Gesamtwerk.

Ebenfalls in den 1970er-Jahren erschienen zwei grundlegende Analysen zu Horváths literarischer Produktion, die sich jedoch nur am Rande mit der *Italienischen Nacht* beschäftigen. Dennoch sei auf sie beide verwiesen: So beleuchtet Winfried Nolting (W. Nolting) in seiner instruktiven Studie *Der totale Jargon. Die dramatischen Beispiele Ödön von Horváths* (1976) die Sprache des Autors sehr genau; zwei Jahre zuvor zeichnete Hajo Kurzenberger (H. Kurzenberger) luzide nach, welche Bedeutung das Volksstück als genuine poetische Form für Horváths dramatisches Schaffen hatte, wobei er auch auf Szenen der *Italienischen Nacht* als Textbeispiele zurückgriff, etwa zur Bestimmung des »Bildungsjargons« (S. 16 ff.) oder der Frage, was »Demaskierung des Bewußtseins« konkret bedeutet (S. 48 ff.).

Auch in den 1980er-Jahren standen weniger Einzeluntersuchungen zu Horváths Werken im Vordergrund als vielmehr Studien, die sich mit zentralen Themen seines Œuvres beschäftigen. Hervorzuheben sind darunter insbesondere zwei Analysen: Martin Hells (M. Hell) aufschlussreiche Schilderung des Motivs *Kitsch als Element der Dramaturgie Ödön von Horváths* (1983) und Piero Oellers' (P. Oellers) penible Ausführungen über *Das Welt- und Menschenbild im Werk Ödön von Horváths* (1987). Zweifellos sind beide der Tradition eines eher positivistischen Ansatzes verpflichtet, so dass zunächst Figuren und Themen kategorisiert werden, um danach die Texte mit Hilfe dieser Kategorien inhaltlich akribisch zu beschreiben. Fragen nach der genuinen Gestaltung des Dramas oder Romans durch Horváths verschiedene Stilmittel bleiben eher sekundär; gleichwohl zeigen beide Analysen detailliert, auf welche Motive der Autor gern zurückgriff.

Im Jahre 1987 erschien auch der bisher einzige Aufsatz, der sich ausschließlich der *Italienischen Nacht* widmet. Anthony B. J. Grenville untersucht das Stück v. a. unter inhaltlichen Aspekten und rückt dabei das gesellschaftspolitische Thema in den Mittelpunkt entsprechend dem Titel *The Failure of Constitutional Democracy: The SPD and the Collapse of the Weimar Republic in Ödön von Horváths ›Italienische Nacht‹*. Dabei geht der Autor so weit zu behaupten, man könne das Stück nicht ohne die sie bedingende gesellschaftliche Situation verstehen. Eingehend beschreibt er daher die verschiedenen politischen Positionen der SPD von der Konstitution der Weimarer Republik über ihr Verhalten in diesen Jahren bis zum Ende des parlamentarischen Systems, insbesondere deren Unfähigkeit, sich außerhalb der legalen und konstitutionellen Grenzen der parlamentarischen Demokratie im Kampf gegen die Nazis zu bewegen. Für Grenville erweisen sich sowohl Martin als auch seine Kameraden keineswegs mehr der SPD zugehörig; diese vertreten für ihn eindeutig die Linie der KPD, weshalb auch deren Verhalten in diesen Jahren sowie deren Stellung zur SPD nachgezeichnet wird, einschließlich der entschiedenen Gegnerschaft als Folge des Konzepts vom »Sozialfaschismus«, wonach die SPD ebenso wie die Nazis als politische Gegner zu bekämpfen sind. Allerdings dürfte es zuweilen schwer fallen, manche Vereinfachung, wie z. B. die strikte Zuordnung Martins zur KPD, zu akzeptieren oder die Analogien des Interpreten nachzuvollziehen, wonach sich etwa Betz in der gleichen Situation wie die preußische Regierung Otto Braun/Carl Severing am 20. Juli 1932 befunden und Horváth bereits 1930/31 jene Ereignisse vorweggenommen habe, die 1932 dazu führten, dass Paul von Hindenburg (1847–1934) die preußische Regierung absetzen und Reichskanzler Franz von Papen (1879–1969) als Reichskommissar für Preußen einsetzen konnte, ohne dass es zum Widerstand der SPD kam. Ungeachtet dessen vermag Grenville dank seiner Argumentation sehr deutlich zu machen, wie politisch und historisch dieses Stück letztlich grundiert ist; überdies verweist seine Analyse auf ein keineswegs nur politisch lösbares Problem. Und dieses besteht für ihn in der grundlegenden Frage: Wie lässt sich das Prinzip einer Demokratie bewahren, während es gleichzeitig gerade gilt, dieses System vor seiner Zerstörung durch antidemokratische Kräfte zu

A. B. J. Grenville

verteidigen? Insofern sollten Politiker aller Schattierungen, so Grenvilles abschließendes Fazit, inständig darauf hoffen, nie mit einer solchen Situation konfrontiert zu werden, wie sie Horváths Figuren auf der Bühne und die SPD-Führung in der Realität erlebten.

Wie so oft in der Horváth-Philologie, in deren Geschichte Pendelbewegungen keineswegs selten sind und sich Interpretationen beständig abwechseln – etwa eine konkrete, zeitgeschichtliche Deutung einerseits und eine abstrakte, allgemein-menschliche andererseits, ebenso wie auf Analysen der Inhalte später vermehrt jene der Form folgen –, finden sich schließlich in den 1990er-Jahren wieder Arbeiten, die sich insbesondere den spezifischen Formen widmen, in denen Horváth seine Vorstellungen auf die Bühne brachte. Neben den Ergebnissen Jeong-Yong Kims, der *Das Groteske in den Stücken Ödön von Horváths* (1995) nachzeichnet, vermag v. a. Ingrid Haags Ansatz Neues zu bieten. Demnach können einige Dramen Horváths als Exemplare einer *Fassaden-Dramaturgie* (1995) gelten, insofern es darin stets um das Spiel »Zeigen und Verbergen« geht – nicht jedoch *Italienische Nacht*, denn dieses Stück fehlt in der informativen Studie.

I. Haag

In dieser Zeit wurde auch die alte These, wonach das Werk des Autors in zwei Teile zerfalle, auf den Prüfstand gestellt. Wie in Horváths Dramen häufig Kreisbewegungen die Struktur der Stücke bestimmen, so können Christian Schnitzlers Ausführungen über den »politischen Horváth« 1990 als vorläufiger Schlusspunkt eines Weges gelten, der mit dem Kolloquium 1971 begann, als Urs Jenny die doppelte Parole ausgab: »Horváth realistisch, Horváth metaphysisch«. Inzwischen dürfte allgemeiner Konsens darüber bestehen, dass er stets beides war.

Ch. Schnitzler

Schnitzlers etwas allgemeiner Untertitel »Untersuchungen zu Leben und Werk« beschreibt auch den gemeinsamen Nenner aller neueren Arbeiten zu Ödön von Horváth – sei es Kurt Bartschs Monographie (2000), seien es die vier Publikationen anlässlich des 100. Geburtstags des Autors am 9. Dezember 2001: der von Klaus Kastberger herausgegebene Sammelband mit dem treffenden Titel *Ödön von Horváth. Unendliche Dummheit – dumme Unendlichkeit*; der Ausstellungskatalog

Neuere Publikationen

Horváth – Einem Schriftsteller auf der Spur, den das Ehepaar Lunzer und Elisabeth Tworek zusammenstellten; sowie die beiden klassischen Tagungsbände *Geboren in Fiume. Ödön von Horváth 1901–1938*, herausgegeben von Ute Karlaveris-Bremer zusammen mit Karl Müller und Ulrich N. Schulenburg, und *Leben ohne Geländer*, bearbeitet von Gabi Rudnicki-Dotzer und Matthias Kratz. Allen vieren ist gemeinsam, dass die *Italienische Nacht* stets nur am Rande erwähnt wird und kein aktuelles Interesse auf sich zu ziehen vermag, sieht man von Tworeks lokalgeschichtlichen Ausführungen »Auf den Spuren Ödön von Horváths« in *Leben ohne Geländer* ab. Von daher überrascht es keineswegs, dass auch Bartsch sich in seiner Monographie mehr K. Bartsch
der Entstehungsgeschichte und der Rezeption der *Italienischen Nacht* widmet als der Analyse des Stücks. Zwar widerspricht er entschieden Axel Fritz' Einschätzung, Horváth habe bei der Darstellung des Stadtrats »diskrete Ironie« walten lassen, denn mit diesem »Schwätzer« demonstriert Horváth »den Leerlauf auch des linken Bildungsjargons« Ansonsten fehlt jedoch sowohl eine Auseinandersetzung mit der Forschungsliteratur zu diesem Stück als auch ein präziserer Blick auf die Nuancen in Horváths Figurendarstellung. Denn Martin letztlich als »politischen Spießer« wie den Stadtrat zu charakterisieren und über das Porträt des Amtsträgers abschließend festzuhalten, Horváth habe gezeigt, »dass die typisch kleinbürgerliche Art der Wahrnehmung und Verarbeitung der politischen und gesellschaftlichen Wirklichkeit, das realitätsfremde Bewusstsein zu einer zunehmenden Verengung des politischen und privaten Handlungsspielraums führt« (S. 78), wird der Vielschichtigkeit des Textes als auch den feinen Unterschiede innerhalb der »Masse der Politisierenden«, wie es der Autor selbst formuliert, nicht gerecht. Dennoch bietet Bartschs Gesamtdarstellung eine kenntnisreiche Schilderung von Leben und Werk, das der Interpret in »drei Phasen gliedert, ohne dass die Grenzen allzu scharf zu ziehen sind: – das Frühwerk bis etwa 1925, – das literarische Schaffen zwischen 1926 und 1933 mit den berühmten Volksstücken und dem Roman *Der ewige Spießer* im Zentrum – schließlich das Werk nach 1933, zu dem unter anderem Dramen wie *Die Unbekannte aus der Seine*, *Figaro läßt sich scheiden* oder *Der jüngste Tag* und

die beiden Romane *Jugend ohne Gott* und *Ein Kind unserer Zeit* zählen« (S. 16). Neben einer prägnanten Beschreibung all seiner Arbeiten erörtert Bartsch zugleich sehr informativ wichtige und elementare Begriffe, die Horváths literarisches Werk 1926–1933 entscheidend bestimmten: »Kleinbürgertum«, »Demaskierung des Bewusstseins«, »Bildungsjargon« sowie »Erneuerung des Volksstücks« (S. 33 ff.).

Ausblick

Betrachtet man die bislang vorliegenden Deutungsansätze zu der *Italienischen Nacht*, fällt deren Gegensätzlichkeit unmittelbar ins Auge: So gilt dieses Volksstück auf der einen Seite als keineswegs aktuelles Zeitstück mit konkreten politischen Ereignissen, sondern eher als zeitloses und insbesondere der Sprachform verpflichtetes, wenn etwa Alfred Doppler betont:

Zeitstück oder zeitlos?

> »In der *Italienischen Nacht* (1930) wird die unmittelbare Dramatisierung politischer Fakten aufgegeben zugunsten einer Darstellung der Widersprüche, die sich ergeben aus dem Miteinander von privaten und gesellschaftlichen Problemen, von bewußtem Programm und unbewußt-halbbewußten Antrieben, die dessen Verwirklichung bedingen. Das dramatische Geschehen ist fortan vermittelt durch die Sprechart und den Sprechton der Figuren und durch den Rhythmus der Pausen. Der dramatische Dialog wird das entscheidend neue Formelement. In der Art, wie die Figuren politische Schlagworte gebrauchen, wie sie mit Hilfe der ihnen verfügbaren Sprache vor sich und anderen eine Rolle spielen, führen sie dem Zuschauer vor, was sie eigentlich bewegt, wenn sie Programme deklamieren. Die Sprachform ist es, die den geistigen Zustand darstellt und eine bestimmte politische und gesellschaftliche Lage signalisiert« (in: Bartsch 1976, S. 15 f.).

Dagegen insistiert auf der anderen Seite ein Interpret wie Grenville, die *Italienische Nacht* sei v. a. aus den gesellschaftspolitischen Bedingungen und Verhältnissen um 1930 zu verstehen, insofern es sich um ein konkretes Abbild der damaligen Situation handle, das sowohl die Lage der SPD, ihr Verhältnis zur KPD, als auch allgemein deren Auseinandersetzung mit den Nazis auf die Bühne bringe, um so letztlich vor der Gefahr eines Faschismus à la Mussolini zu warnen.

Was allerdings in beiden Sichtweisen verloren zu gehen scheint – denn stets wird Politik als Ereignisfeld von Parteien und Programmen verstanden, in welchem Politiker autonom agieren, ohne Beziehung zu ihrem privatem Umfeld –, ist das Phänomen eines besonderen Diskurses über die Politik zum einen und zum

Diskurs über Politik

anderen die zweifellos wichtigen Fragen des Stücks: Wie entwickelt sich ein Interesse an Politik? Was bestimmt die verschiedenen politischen Aktivitäten? Welche Faktoren spielen für die politische Sozialisation eine Rolle? Welche Beziehung besteht zwischen politischer Überzeugung und Privatleben?

Eine Aufführung der *Italienischen Nacht* müsste daher heute weniger der Frage nachgehen, wie das politische Kräfteverhältnis damals aussah, und sich auch nicht die ›historische Brille‹ aufsetzen, um die Details der politischen Konstellationen einschließlich der Auftritte ihrer Protagonisten in einer süddeutschen Kleinstadt um 1930 akkurat auf die Bühne zu bringen. Entscheidender sollte also weniger der Rückblick sein als vielmehr der Ausblick und die Präsentation politisierender Figuren, konkret jene Vielfalt an Personen, die über Politik, politische Taten sprechen, diese oder jene Aktion fordern, sich letztlich jedoch ganz anders verhalten und am Ende den politischen Standpunkt mit eher privaten Motiven begründen, wie etwa der Stadtrat mit seiner Antikriegshaltung (45,11–13; 45,18–20; 45,24–26) oder auch Martins Reaktion auf die Grobheit des Faschisten (S. 51 f.). Aber nicht allein wegen einer Diskrepanz zwischen Rede und Handlung – sie lässt sich auch in anderen Stücken Horváths wiederfinden –, ist die *Italienische Nacht* aktuell, sondern auch und v. a. wegen der darin inszenierten Themen, etwa der unterschiedliche Zugang zur Politik, die Begeisterung für politische Aktivitäten sowie die Gestaltung persönlicher Beziehungen als Konsequenz einer bestimmten Politik. Mit ein wenig Phantasie ist das Spektrum des Horváth'schen Personals auch in heutigen politischen Machtkonstellationen wiederzufinden. Und in der widersprüchlichen Charakteristik dieser Akteure liegt die Brisanz des Stückes, das bislang eher durch den starren Blick auf die »Zeitläufte«, um die antiquierte Beschreibung des Stücks durch Alfred Kerr zu benutzen, ausgeblendet blieb. Insbesondere die Rolle der Frauen verdient es, näher beleuchtet zu werden, denn sie lassen beispielhaft die politische »Funktionalisierung« von privaten Beziehungen erkennen. Horváth zeigt mit der Figur der Anna, dass ihr Interesse an Politik anfänglich eher aus privaten Gründen erwächst, denn dank Martin hat sie einen »Inhalt« (25,28). Im Verlauf des Lustspiels

Aktualität des Stücks

Rolle der Frauen

Anna

beginnt sie jedoch zu erkennen – und dieser Prozess könnte ein zentrales Motiv einer aktuellen Inszenierung sein –, dass sich damit zum einen kaum eine sinnvolle politische Arbeit begründen lässt und zum anderen, wie umgekehrt Martin sie nunmehr benutzt und auf den »politischen Strich« schickt und letztlich ihre Liebe »mißbraucht«. Für das Stück zog Horváth daraus keine Konsequenzen, was die Regie jedoch keineswegs daran hindern dürfte, gerade dieses Verhältnis in den Mittelpunkt zu rücken. Wie sehr den Autor dieses Phänomen einer nutzenorientierten Partnerschaft beschäftigte, zeigt die andere große Frauenfigur im Stück, deren Vornamen nicht zufällig ebenfalls mit A beginnt: Auch Adele, der bei ihrem ersten Auftritt im Buch die Namensnennung noch verwehrt bleibt und die dort lediglich »Die bessere Hälfte« (37,18) heißt, wird von ihrem Mann, seines Zeichens Stadtrat, dermaßen »funktionalisiert«, dass es kaum zu glauben ist, dass sie dies seit »dreißig Jahr« (61,23–24) erträgt. Sie erscheint als reines »Anhängsel« ihres Mannes, folgt ihm »aufs Wort« (39,2), wobei allerdings zweifelhaft ist, ob sie seinen politischen Standpunkt teilt, denn gleich zweimal setzt sie sich verbal von seinem Idealismus ab (55,33; 61,18–19). Aus Liebe zu oder aus Mitleid mit ihm, jedoch keineswegs aus politischer Überzeugung – letztlich auch ein Punkt, der in vielen Aufführungen nicht so explizit gespielt wird, wie es sich Horváth wohl wünschte, schließlich hätten sich ja auch andere Lösungsmöglichkeiten für die unangenehme Situation des Stadtrats angeboten, und in den ersten Entwürfen sah Horváth ja auch eine andere »Befreiung« vor –, schlägt sie am Ende an seiner Statt den Major in die Flucht. Insofern könnte auch diese Figur in gleicher Weise wie Anna gezeichnet werden, quasi als »ältere« und etwas »drastischere« Variante, die keinerlei Konsequenzen aus den politischen Ansichten ihres Partners zieht. »Draußen Prolet, drinnen Kapitalist!« (61,21–22), lautet ihre späte Einsicht, die sie allerdings nicht daran hindert, den Stadtrat wohl auch künftig zu ertragen. Fragwürdig bleiben für den Zuschauer zweifellos die Motive Adeles, d. h. klare Antworten auf die Fragen: »Warum tut sie das, weshalb verteidigt sie ihren Mann, weswegen tritt sie für den Stadtrat Ammetsberger ein, wozu das alles?« Will Horváth etwa zeigen, wie tief der Stadtrat

Adele

gesunken ist, dass er sich »von einer Frau«, von »seiner Gattin«, also einer Privatperson und keinem politisch Gleichgesinnten verteidigen lassen muss, er selbst im wahrsten Sinne des Wortes sprachlos geworden ist, oder möchte der Autor mit dieser Frau beweisen, dass die Liebe und die daraus entstehenden Verhaltensmuster letzten Endes doch stärker das Handeln der Menschen bestimmen als alle politischen Überzeugungen? Finden wir in ihrem Verhalten den luziden Hinweis auf die keineswegs überraschende Einsicht, dass die politischen Ansichten vieler Leute nur aufgesetzt sind, ihre Aktionen mehr dem Ritual als der konkreten Situation und den damit verbundenen Notwendigkeiten entsprechen und sie sich aus ganz anderen Motiven in der Politik engagieren als die lauthals angegebenen »hehren Ziele«? Einsichten, die einmal mehr Adele in den Mund gelegt werden, wenn sie betont: »Glaubens mir, daß ein Mann, der wo keine solchen öffentlichen Ideale hat, viel netter zu seiner Familie ist. Ich meine das jetzt rein menschlich« (56,6–8).

Das Ende des Stücks bedeutet daher – gerade im Wissen um den Fortgang der politischen Geschichte nach 1930, was auch den entscheidenden Unterschied zu den Reaktionen der Zeitgenossen markiert –, dass Horváth das Verhalten der Menschen entscheidend durch persönliche und emotionale Motive bestimmt sieht und weniger durch politische und rationale Überzeugungen. Daher vertraut Horváth auch auf die Macht der Liebe, mit der sich die faschistische Gefahr wenigstens auf der Bühne und während eines Theaterabends bannen lässt, schließlich ist selbst Martins Auftritt am Schluss als »eifersüchtige Reaktion« auf den Fleck an Annas Hals und als Demonstration seiner Liebe zu ihr zu verstehen, denn sie fordert ihn explizit zum Eingreifen auf (S. 50 f.).

Leni Vielleicht liegt die Gestalt der Leni Horváth noch mehr am Herzen, zumal er sie als Gegenbild zu Anna und Adele dadurch kennzeichnet, dass ihr ein Partner ebenso fehlt wie dessen Beschreibung und die Forderung nach »politischen« Aufgaben von ihrer Seite. Gerade weil sie auf der »anderen Seite« marschiert (S. 15 f.) und sich als »politisch« unbedarft zeigt, erweist sie sich als perfektes Objekt einer politischen Agitation. Doch vor solchen Aufgaben schreckt Martin entschieden zurück, nicht zuletzt mit dem absurden Hinweis auf die Geburt, wodurch letztlich jegliche politische Überzeugungsarbeit unnötig wäre, den »eine geborene Rückschrittlerin« (18,20–21) lässt sich von keinem Fortschritt überzeugen. Karl hingegen, der sich auf diese Weise entschieden von Martin absetzt, versucht es wenigstens, Leni zu »politisieren«, wenngleich seine Motive sich nur allzu eindeutig seinen privaten Interessen verdanken. Insofern ist es der gesunde Menschenverstand Lenis, der Karls Bekenntnis, bei ihm gehe der menschliche Kontakt »über die Politik« (26,31–32), als Wortgeklingel durchschaut, zumal sich dessen Politikverständnis auf die Kenntnis von Politikernamen beschränkt. Über solchen platten Einsichten und der damit verbundenen Eindimensionalität ist Leni zweifellos längst hinweg, weshalb sie statt der »ideellen Gemeinsamkeiten« lieber auf die Macht des Geldes vertraut. Und der Faszination von »viertausend Mark« (53,11) mag auch der politisch engagierte Musiker Karl nicht zu widerstehen. Mit diesem Handlungsstrang dürfte klar sein, dass neben dem Abbild der politischen Situation und dem Kräfteverhältnis links/rechts um 1930 stets auch andere Themen das Bühnengeschehen bestimmen: das Verhältnis von Liebe und politischem Engagement etwa. Für die *Italienische Nacht* könnte dies heißen, die Figur Karl als geheimes Zentrum des Stückes zu entdecken, denn hier stellt der Dramatiker eine Person auf die Bühne, dem keineswegs klar ist, was sein Verhalten letztlich bestimmt: Ist es die Faszination für das andere Geschlecht, oder ist es die politische Überzeugung und der Wunsch, die gesellschaftlichen Bedingungen zu verändern? Oder ist es am Ende allein die entsprechende Geldsumme einer Frau, wodurch die »Erlösung durch das Weib« (53,27–28) möglich wird, von der er so lange geträumt hat? Karl

Gretchenfrage einer Inszenierung des Stückes in der Zukunft könnte folglich sein, wie sie es mit den Figuren Anna, Adele, Karl und dessen Verhältnis zu Leni hält – und weniger die Frage danach, wie Martin oder der Stadtrat samt seinen Tarockpartnern charakterisiert werden und welche Bedeutung »politische Feste« für ihre Mitglieder haben. Somit kommt auch dem pragmatischen Wirt im großen Schlussbild die Rolle zu, dieses Verhältnis zwischen Eros und Politik, zwischen »Trumm Weib« und

»Scheißpolitik« (59,22) unverblümt auf den Punkt zu bringen. Dieser Blickwinkel eröffnet Aspekte, die die Aktualität der *Italienischen Nacht* nicht mehr nur dann akzentuieren, wenn »nationale Töne« im Land zu vernehmen sind, sondern vielmehr dann, wenn es um »politische Sozialisation« insgesamt geht, allgemein gesprochen um das Phänomen, wie Interesse an der Politik geweckt werden kann, ob sich dafür die »Liebe« funktionalisieren lassen darf und inwiefern zwischenmenschliche Beziehungen unter dem politischen Anspruch eines Partners zu leiden haben. Solche Fragen sind keineswegs an bestimmte politische Zeitläufte gebunden; ihre Erörterung mag vielleicht nicht unmittelbares Ziel Horváths im Jahr 1930 gewesen sein, doch noch heute geben sie zu spannenden Diskussionen Anlass, und dies mit einem Theaterbesuch zu ermöglichen wäre nicht das schlechteste Resultat einer Inszenierung der *Italienischen Nacht*.

Literaturhinweise

Die Verweise auf Horváths Texte beziehen sich auf die Ausgabe: Ödön von Horváth: *Gesammelte Werke*. Kommentierte Werkausgabe von Traugott Krischke unter Mitarbeit von Susanna Foral-Krischke, Frankfurt/M. 1983 ff. (genannt werden Band und Seitenzahlen).
Die Verweise auf *Geschichten aus dem Wiener Wald* und *Kasimir und Karoline* beziehen sich auf die Ausgaben Ödön von Horváth, *Geschichten aus dem Wiener Wald. Volksstück in drei Teilen*. Mit einem Kommentar von Dieter Wöhrle, Frankfurt/M. 2001 [= SBB 26], und Ödön von Horváth, *Kasimir und Karoline. Volksstück*. Mit einem Kommentar von Dieter Wöhrle, Frankfurt/M. 2002 [= SBB 28].

A. Textausgaben »Italienische Nacht«

Ödön von Horváth, *Italienische Nacht*. Berlin 1930

Ödön von Horváth, *Italienische Nacht*, in: Ödön von Horváth, *Gesammelte Werke* [in vier Bänden]. Hg. v. Dieter Hildebrandt, Walter Huder u. Traugott Krischke. Frankfurt/M. 1970 f., Bd. 1, S. 101 ff. [= GW 1970]

Ödön von Horváth, *Italienische Nacht*, in: Ödön von Horváth, *Gesammelte Werke* [in acht Bänden]. Werkausgabe der edition suhrkamp. Hg. v. Traugott Krischke u. Dieter Hildebrandt. Frankfurt/M. 1972, Bd. 1, S. 101 ff.

Ödön von Horváth, *Italienische Nacht*. Edition und Nachwort v. Traugott Krischke, Frankfurt/M. 1974 (= BS 410)

Ödön von Horváth, *Italienische Nacht*, in: Ödön von Horváth, *Gesammelte Werke* [in vier Bänden]. Hg. v. Traugott Krischke unter Mitarbeit v. Susanna Foral-Krischke. Frankfurt/M. 1988, Bd. 1, S. 463 ff. [= GW 1988]

Ödön von Horváth, *Italienische Nacht*, in: Ödön von Horváth, *Gesammelte Werke* [in vierzehn Bänden]. Kommentierte Werkausgabe in Einzelbänden. Hg. v. Traugott Krischke unter Mitarbeit v. Susanna Foral-Krischke. Frankfurt/M. 1986, Bd. 3, S. 61 ff.

B. Materialien zu Ödön von Horváth und seinem Volksstück »Italienische Nacht«

Materialien zu Ödön von Horváth. Hg. v. Traugott Krischke. Frankfurt/M. 1970 [= Mat. I]

Materialien zu Ödön von Horváths »Geschichten aus dem Wiener Wald«. Hg. v. Traugott Krischke. Frankfurt/M. 1972 [= Mat. II]

Über Ödön von Horvath. Hg. v. Dieter Hildebrandt u. Traugott Krischke. Frankfurt/M. 1972 [= Mat. III]

Ödön von Horváth. Leben und Werk in Dokumenten und Bildern. Hg. v. Traugott Krischke u. Hans F. Prokop. Frankfurt/M. 1972 [= Mat. IV]

Rühle, Günther, *Zeit und Theater*. Bd. 2: *Von der Republik zur Diktatur 1925–1933*, Frankfurt/M./Berlin 1972, S. 810–816

Materialien zu Ödön von Horváths »Kasimir und Karoline«. Hg. v. Traugott Krischke. Frankfurt/M. 1973 [= Mat. V]

Ödön von Horváth. Leben und Werk in Daten und Bildern. Hg. v. Traugott Krischke u. Hans F. Prokop. Frankfurt/M. 1977 [= Mat. VI]

Ödön von Horváth. Hg. v. Traugott Krischke. Frankfurt/M. 1981 [= Mat. VII]

Horváths Geschichten aus dem Wiener Wald. Hg. v. Traugott Krischke. Frankfurt/M. 1983 [= Mat. VIII]

Horváths Stücke. Hg. v. Traugott Krischke. Frankfurt/M. 1988 [= Mat. IX]

Horváth Chronik. Daten zu Leben und Werk. Von Traugott Krischke. Frankfurt/M. 1988 [= Mat. X]

Horváth auf der Bühne 1926–1938. Dokumentation v. Traugott Krischke. Wien 1991 [= Mat. XI]

Ödön von Horváth, Himmelwärts und andere Prosa aus dem Nachlaß. Hg. v. Klaus Kastberger. Frankfurt/M. 2001

C. Interpretationen zu Horváths »Italienischer Nacht«

Grenville, Anthony B. J., »The Failure of Constitutional Democracy: The SPD and the Collapse of the Weimar Republic in Ödön von Horváth's *Italienische Nacht*«, in: *Modern Language Review* 82 (1987), S. 399–414

Walder, Martin, *Die Uneigentlichkeit des Bewußtseins. Zur Dramaturgie Ödön von Horváths*. Bonn 1974, S. 11–36

Winston, Krishna, *Horváth Studies. Close Readings of Six Plays (1926–1931)*. Bern u. a. 1977, S. 131–148

D. Allgemeine Literatur zu »Ödön von Horváth«

Bartsch, Kurt u. a. (Hg.), *Horváth-Diskussion*. Kronberg/Ts. 1976

Bartsch, Kurt, *Ödön von Horváth*. Stuttgart/Weimar 2000

Doppler, Alfred, »Bemerkungen zur dramatischen Form der Volksstücke Horváths«, in: Bartsch 1976, S. S. 11–21

Fritz, Axel, *Ödön von Horváth als Kritiker seiner Zeit*. München 1973

Gamper, Herbert, *Horváths komplexe Textur*, Zürich 1987

Goltschnigg, Dietmar, »Das Sprachklischee und seine Funktion im dramatischen Werk Ödön von Horváths«, in: *Wirkendes Wort* 25 (1975), H. 3., S. 181–196

Günther, Gisela, *Die Rezeption des dramatischen Werkes von Ödön von Horváth von den Anfängen bis 1977*. Göttingen 1978

Haag, Ingrid, *Ödön von Horváth. Fassaden-Dramaturgie. Beschreibung einer theatralischen Form*, Frankfurt/M. u. a. 1995

Hell, Martin, *Kitsch als Element der Dramaturgie Ödön von Horváths*. Bern u. a. 1983

Hildebrandt, Dieter, *Ödön von Horváth in Selbstzeugnissen und Bilddokumenten*. Reinbek b. Hamburg 1975

Himmel, Hellmuth, »Ödön von Horváth und die Volksstücktradition«, in: Mat. VII, S. 46 ff.

Karlavaris-Bremer, Ute/Karl Müller/Ulrich N. Schulenburg (Hg.), *Geboren in Fiume. Ödön von Horváth 1901–1938*. Wien 2001

Kastberger, Klaus (Hg.), *Ödön von Horváth. Unendliche Dummheit – dumme Unendlichkeit*. Wien 2001

Kim, Jeong-Yong, *Das Groteske in den Stücken Ödön von Horváths*. Frankfurt/M. u. a. 1995

Klotz, Volker, *Dramaturgie des Publikums*. München 1976

Krischke, Traugott, *Ödön von Horváth. Kind seiner Zeit*. München 1980

Kurzenberger, Hajo, *Horváths Volksstücke. Beschreibung eines poetischen Verfahrens*. München 1974

Lunzer, Heinz/Victoria Lunzer-Talos/Elisabeth Tworek, *Horváth – Einem Schriftsteller auf der Spur*. Salzburg u. a. 2001

Mennemeier, Franz Norbert, *Modernes Deutsches Drama. Kritiken und Charakteristiken*. Bd. 2: *1933 bis zur Gegenwart*. München 1975

Nolting, Winfried, *Der totale Jargon. Die dramatischen Beispiele Ödön von Horváths*. München 1976

Oellers, Piero, *Das Welt- und Menschenbild im Werk Ödön von Horváths*. Bern u. a. 1987

Rudnicki-Dotzer, Gabi/Matthias Kratz (Hg.), *Leben ohne Geländer*. Murnau 2003

Schnitzler, Christian, *Der politische Horváth. Untersuchungen zu Leben und Werk*. Frankfurt/M. u. a. 1990

Tworek, Elisabeth/Brigitte Salmen (Hg.), *Ödön von Horváth*, Murnau 2001

Tworek-Müller, Elisabeth (Hg.), *Horváth und Murnau*. Wien 1988

7.2 ***Volksstück***: Die meisten seiner Stücke Ende der 1920er-Jahre charakterisierte Horváth als Volksstücke im Untertitel, so auch *Die Bergbahn*, *Kasimir und Karoline*, *Geschichten aus dem Wiener Wald*. Diese Gattung, deren Ursprünge im Wien des 18. Jh.s liegen, waren für Horváth von zentraler Bedeutung; in einem Radiointerview (1932) betonte er: »Ich gebrauchte diese Bezeichnung ›Volksstück‹ nicht willkürlich, d. h. nicht einfach deshalb, weil meine Stücke mehr oder minder bayerisch oder österreichisch betonte Dialektstücke sind, sondern weil mir so etwas ähnliches, wie die Fortsetzung des alten Volksstückes vorschwebte. [...] Also: zu einem heutigen Volksstück gehören heutige Menschen, und mit dieser Feststellung gelangt man zu einem interessanten Resultat: nämlich, will man als Autor wahrhaft gestalten, so muß man der völligen Zersetzung der Dialekte durch den Bildungsjargon Rechnung tragen« (Bd. 11, S. 200 f.). Vgl. zur Gattungsgeschichte neben Horváths *Gebrauchsanweisung* auch Himmel (Mat. VII, S. 46 ff.), Doppler (in: Bartsch 1976, S. 11 ff.) sowie Kurzenberger 1974. Verwiesen sei auch auf Klotz (1976), der Horváths Bühnenwerke eindrücklich beschreibt als »aktive Auseinandersetzung zwischen neuem und altem Volksstück. Nämlich: das zweitaktige Widerspiel von Fortsetzung und Zerstörung, von Montage und Demontage« (S. 188).

8.2 **Martins Kameraden**: In der Erstfassung des Stücks, *Ein Wochenendspiel. Volksstück in sechs Bildern*, charakterisiert Horváth sein Bühnenpersonal politisch präziser: »Martins Genossen« (Bd. 3, S. 10).

8.3 **Ein Faschist**: Mit diesem Begriff, der sich auch in der Erstfassung, *Ein Wochenendspiel. Volksstück in sechs Bildern* (Bd. 3, S. 10), findet, greift Horváth auf die damals v. a. im marxistischen Sprachgebrauch geläufige Bezeichnung zurück und hebt sich dadurch von der faktischen Parteibezeichnung »Hakenkreuzler« in seinen beiden *Sladek*-Stücken (Bd. 2, S. 11, 95) ebenso ab wie vom Ausdruck »Hitlerianer« im Roman *Sechsunddreißig Stunden* (Bd. 12, S. 73). Zugleich scheint »Nazi«

1930/31 noch anders verstanden worden zu sein, wie ein Beitrag von Anton [Kuh] im Mai-Heft 1931 des Magazins *Der Querschnitt* zeigt.

Süddeutsche Kleinstadt: Es darf mit Recht vermutet werden, dass Horváth wie bereits in seinem Stück *Zur schönen Aussicht* (Bd. 1, S. 135) als Schauplatz der Handlung den knapp 3 000 Einwohner zählenden Markt Murnau am Staffelsee wählt. Sein Vater, Dr. Edmund von Horváth (1874–1950), hatte sich dort ein Landhaus in der Bahnhofstraße 17 bauen lassen, das die Familie neben der Münchner Wohnung als Sommersitz vom Herbst 1924 an nutzte und in dem auch Ödön von Horváth wohnte, wenn er gerade nicht in Berlin oder unterwegs war. Vgl. zu Murnau auch das Sonderheft *Murnau und der Staffelsee* der Halbmonatsschrift *Bayernland* vom April 1929, darin v. a. den Artikel von Jakob Gebhardt, *Murnau einst und jetzt*, auf den Horváth verschiedentlich zurückgriff und der in Tworek-Müller 1988, S. 68 ff., nachzulesen ist. Daneben sei auf Horváths Schilderungen der Landschaft um Murnau sowie lokaler Ereignisse hingewiesen, etwa in *Die Fürst Alm* (Bd. 11, S. 133 f.) oder *Ein sonderbares Schützenfest* (Bd. 11, S. 135 ff.) sowie zur Einwohnerschaft Murnaus auf den Kulturführer des Schlossmuseums Murnau, *Ödön von Horváth*, hg. v. Elisabeth Tworek u. Brigitte Salmen, Murnau 2001, S. 50 f. 8.7

Was in den Jahren 1930/31 »Provinz« konkret bedeutete, macht Hannes Küppers im Mai 1931 abgedruckter Beitrag »Provinz und Berlin« für das Magazin *Der Querschnitt* deutlich. Im gleichen Heft wurde ein Szenenfoto der Berliner Uraufführung ganz im Sinne dieser Problematik untertitelt: »Bayrisches Bier (Albert Hoermann, Trudi Moos, Fritz Kampers in Horváths ›Italienischer Nacht‹)«.

1930–?: Auch die beiden folgenden Stücke *Geschichten aus dem Wiener Wald* (SBB 26, S. 8) sowie *Kasimir und Karoline* (SBB 28, S. 8) lässt Horváth um 1930 spielen, um so die vielfältigen Folgen der Weltwirtschaftskrise sowie einer »nationalen Politik« in Szene zu setzen. 8.8

Im Wirtshaus des Josef Lehninger: Als Vorbild für dieses Lokal kann der Murnauer »Pantlkeller« bzw. das dortige »Café Seerose« gelten. 9.2

9.3 ***Tarock***: Kartenspiel mit einer unterschiedlichen Anzahl von Karten, das zu dritt gespielt wird. Das hier gespielte »Bayrisch-Tarock« hat insgesamt 36 Blätter mit dt. Zeichen. Horváth war ein Freund der »Karten«, weshalb er in seinem Romanfragment *Himmelwärts* eine ganze Palette von Spielen aufzählt, wobei die Rangfolge keineswegs zufällig sein dürfte: »Tarock, Skat, Siebzehnundvier, Sechsundzechzig, Poker, Back« (Horváth, *Himmelwärts*, a. a. O., S. 42). Für Kurt Bartsch bedeutet das Kartenspiel sinnbildlich, »dass sie politisch im Spiel bleiben wollen, jedoch gar nicht ins Spiel gekommen sind und kommen« (2000, S. 75).

9.3–4 ***Karl kiebitzt.***: Als lästiger Beobachter schaut er den beteiligten Spielern in die Karten und kommentiert das Geschehen.

9.10 **die Republik**: Hier: die Weimarer Republik. Zugleich eröffnet dieser Begriff das Wortfeld, auf das Horváth gerade zu Beginn des Stückes mehrfach hinweist: zweimal die »demokratische Republik«, zweimal »die Republik«, zweimal »republikanisch« und einmal »Republikaner«.

9.13–14 **republikanischen Pensionsempfänger**: Eigentlich Personen, die ihrem Bewusstsein nach dem Kaiserreich anhängen, aber ihre Pensionen entsprechend den Bedingungen der Weimarer Republik erhalten. Zugleich spielt Horváth auf die vielen konservativ-nationalistischen Verbände und Gruppen in der Weimarer Republik an, die sich keineswegs den neuen Verhältnissen entsprechend verhalten und allzu oft die Traditionen des Kaiserreichs fortführen, wie etwa Parademärsche, Feldgottesdienste und Kleinkaliberschießen.

9.16 **wir Republikaner**: Horváth zeichnet mit Martin eine Figur, die sich als »Republikaner« konsequent vom Kaiserreich absetzt und sich dabei bewusst auf die republikanische Verfassung von Weimar beruft.

9.17 **das ist doch auch nichts Neues. Oder?**: Diese Wiederholung, genauer die Anaphorik – vgl. auch das dreimalige »ich möchte« von Kranz auf der nächsten Seite –, entlarvt »die eigentlich propagandistische Struktur des Jargons« (Nolting 1976, S. 154).

9.20 ***Abteilung Faschisten***: In einer früheren Fassung spricht Horváth noch von der »Heimatwehr« oder den »Hakenkreuzler[n]«. Als »Heimatwehr« bezeichnete man in Österreich freiwillige Schutzverbände, die sich 1919 infolge der Grenzkämpfe in Kärnten bildeten und sich später zu einer antikommunistischen Kampftruppe entwickelten. Ähnliche Verbände, die sich aus Freiwilligen rekrutierten, gab es auch in Deutschland. Dort agierten sie als »Bürgerwehr« und entstanden nach der Novemberrevolution 1918 »zum Schutz der Ordnung und des Eigentums«. Durch Verordnung der Volksbeauftragten der Räteregierung am 13.1.1919 wurden die Wehren in eine »Republikanische Schutzgruppe« umgewandelt. Im Juli 1920 forderten die Siegermächte die Auflösung und Entwaffnung der Bürgerwehren, was letztlich zum Gesetz vom 5.8.1920 führte, das die vollständige Entwaffnung der Bevölkerung verlangte. Daraufhin entwickelten sich verschiedene Selbstschutzverbände, die sich geheim Waffen beschafften, darunter die »Schwarze Reichswehr«. Mit diesem Thema beschäftigte sich Horváth ab 1927 sehr intensiv, was nicht zuletzt zum Stück *Sladek oder Die schwarze Armee* (Bd. 2, S. 9 ff.) führte, das am 13.10.1929 im Berliner Lessing-Theater Premiere hatte.

sehen sich stumm den Zug an: Vgl. hierzu den enthusiastischen Zeitungsbericht über einen Aufmarsch der Reichswehr im Frühjahr 1929 in Murnau, der Horváth als Anregung diente (vgl. Tworek-Müller 1988, S. 50). 9.22

akuten Bedrohung […] es der Reaktion: Da dieser »politische Kommentar« Horváths bereits in der Erstfassung des Stücks, *Ein Wochenendspiel* (1929), zu lesen ist, kann er keineswegs als Reaktion auf die Wahlen vom 14.9.1930 verstanden werden, die einen rapiden Anstieg der Reichstagssitze für die NSDAP (von zwölf auf 107) und KPD (von 54 auf 77) brachte, wohingegen die SPD zwar zehn Sitze verlor, aber dennoch mit 143 Sitzen und 24,5 % Stimmenanteil stärkste Partei blieb. Horváth lässt den Stadtrat diese Worte auch am Schluss sprechen, um deutlich zu machen, wie sehr sich ein solches Bewusstsein im Kreis dreht und keineswegs in der Lage ist, die veränderten gesellschaftlichen Verhältnisse wahrzunehmen. 9.24–27

ideologischen Unterbau: Durch die platte Verwechslung von Unter- und Überbau charakterisiert Horváth auf simple Weise, wie es um das Marx-Verständnis des Stadtrats bestellt ist. Die Prinzipien der politischen Ökonomie sowie die Konzeption ei- 9.27

nes Verhältnisses von ökonomischer »Basis« und ideologischem »Überbau« als Mittel, die »gesellschaftlichen Verhältnisse« detailliert zu beschreiben, verkommen hier zu bloßen, zudem auf den Kopf gestellten Schlagwörtern.

9.29–30 **republikanischen Schutzverband**: Horváth bezieht sich hier auf den am 22.2.1924 von den SPD-Politikern Otto Hörsing (1874–1937) und Max Höltermann (1894–1956) in Magdeburg mit Mitgliedern der SPD und den Gewerkschaften gegründeten Bund Deutscher Kriegsteilnehmer und Republikaner »Reichsbanner Schwarz-Rot-Gold«. Zur Führungsspitze zählten allerdings auch Mitglieder der Staatspartei und des Zentrums, denn Ziel des Verbands war es, eine überparteiliche Abwehrfront gegen die vaterländischen Verbände zu organisieren, entsprechend dem Prinzip »Kampf für Demokratie und Republik«. Trotz seiner offiziell 3,5 Mio. Mitglieder verstand es das »Reichsbanner« nicht, sich als wirksames Gegengewicht zu den rechtsgerichteten Massenorganisationen wie Stahlhelm und der SA der NSDAP zu präsentieren. Vgl. auch Sebastian Haffners »Erinnerungen 1914–1933« in seinem Band *Geschichte eines Deutschen*, Stuttgart/München 2000, S. 128 f.

9.31 **Vorsitzender der hiesigen Ortsgruppe**: In der Erstfassung des Stücks war noch konkret von »der Ortsgruppe Kaltenbrunn« (Bd. 3, S. 49) die Rede, einem kleinen Ort in der Nähe von Partenkirchen.

10.6 **deutschen Tag**: Nationale Verbände und Parteien veranstalteten in der Weimarer Republik zahlreiche Gedenkfeiern, die sie unter das Motto eines »deutschen Tags« stellten; die Nationalsozialisten begingen in einzelnen Orten ebenfalls solche Tage, etwa am 14./15.10.1922 in Coburg. Horváth nutzt den Begriff, um den Gegensatz zur »italienischen Nacht« auf doppelte Weise zu betonen, was auch die gewählte Reihenfolge deutlich macht: Auf den »deutschen Tag« folgt die »italienische Nacht«. Welche Bedeutung im Gegensatz Morgen/Nacht steckt, mit dem Horváths Stück *Zur schönen Aussicht* beginnt (Bd. 1, S. 135), zeigt Gamper 1987, S. 216 ff.

10.7 **Dritten Reich**: Dieser zentrale Begriff der nationalsozialistischen Ideologie geht auf Arthur Moeller van den Brucks (1876–1925) 1923 erschienenes Buch *Das dritte Reich* zurück.

eigentlich: Vgl. zu dieser Art von »Überbrückungsfloskeln«, wie z. B. »zu guter Letzt«, »sozusagen«, »gewissermaßen«, »unberufen«, »apropos«, »respektive«, »eventuell«, »kurz und gut«, Goltschnigg 1975, S. 184. 10.10

unsere italienische Nacht: In Horváths dramatischem Œuvre stellen Feste und v. a. ihr Misslingen ein zentrales Motiv dar, das sich auch in *Geschichten aus dem Wiener Wald* und *Kasimir und Karoline* findet. Vgl. hierzu Ingrid Haag, »Ödön von Horváth und die ›monströse Idylle‹«, in: *Recherches germaniques* 6 (1976), S. 152–168, sowie Wendelin Schmidt-Dengler, »Von der Unfähigkeit zu feiern. Verpatzte Feste bei Horváth und seinen Zeitgenossen«, in: *Literatur und Kritik* 24 (1989), H. 237/238, S. 314–323. 10.12

Mussolini: Der ital. Politiker Benito Mussolini (1883–1945) gilt als Begründer und Führer des ital. Faschismus. Nachdem er 1919 zunächst die faschistischen Kampfbünde gegründet hatte, diese zwei Jahre später in die faschistische Partei umwandelte, riss er durch den »Marsch auf Rom« (28.10.1922) die Regierungsgewalt an sich. Durch die anschließende Ausschaltung seiner politischen Gegner konnte er sich später als »Duce del Fascismo« etablieren. Mit dem Aufstieg der Nationalsozialisten in Deutschland und v. a. in Hitlers Auftritt als »Führer« fand Mussolini nicht nur einen Nachahmer seines politischen Führungsstils, sondern zugleich den Partner für eine aggressive Außenpolitik, die 1940 schließlich zur Kriegsbeteiligung Italiens an der Seite Deutschlands führte. 10.21

Bettel!: Beim Tarock das Gegenteil von »Solo«, d. h., jener Spieler, der die niedrigsten Karten hat, spielt den »Bettel«, wobei er keinen Stich machen kann, weil die ausgespielte niedrige Karte durch die höhere Karte eines anderen Spielers gestochen wird. 10.32

Stille: Eine der wichtigsten Regieanweisungen Horváths, die er in seiner *Gebrauchsanweisung*, d. h. den »praktischen Anweisungen« für die Regie, besonders hervorhebt: »Bitte achten Sie genau auf die Pausen im Dialog, die ich mit ›Stille‹ bezeichne – hier kämpft sich [sic!] das Bewußtsein oder Unterbewußtsein miteinander, und das muß sichtbar werden« (Bd. 11, S. 257). Vgl. zu ihrer dramaturgischen Funktion die Ausführungen von Theo Buck, »Die Stille auf der Bühne«, in: *Recherches Germaniques* 9 (1979), S. 174–185. 11.9

11.10 **Es ist halt alles relativ.**: Dieser Satz kann als »Leitmotiv« des Stücks gelten (vgl. 39,14; 56,4; 63,31), wobei sich der Kommentar auf die verschiedensten Ereignisse bezieht. Insofern ist die abstrakte Wahrheit dieses Mottos einmal mehr ein Mittel Horváths, jenes schablonenhafte Denken auszustellen, das weniger auf die konkrete Beschreibung einer Situation zielt als vielmehr auf die Wiederholung allgemein gemachter Erfahrungen. Vgl. zu ähnlichen Sätzen in anderen Stücken Horváths Dietmar Goltschniggs akribische Liste in seinen Ausführungen zu »Pauschalierungen, Euphemismen, Anekdoten, Witze und Metaphern als Formen von Sprachklischees in Horváths Dramen«, in: Bartsch 1976, S. 55–66, hier S. 63.

11.29–30 **Karl Marx**: Karl Heinrich Marx (1818–1883) gilt zusammen mit Friedrich Engels (1820–1895) als Begründer einer »Theorie vom wissenschaftlichen Sozialismus«, populär auch schlicht »Marxismus« genannt. Für Horváth sind hier allerdings weniger dessen Werke und Analysen entscheidend als vielmehr der Umgang mit ihm als Person. Marx erweist sich für den Stadtrat als Idol und Autorität schlechthin, weshalb er auch wiederholt von »meinem Marx« spricht, gerade so, als ob jeder sich »seinen« Marx zurechtlegen könnte.

12.4 **Was du unter kurz und gut verstehst**: Horváth greift im folgenden Dialog eine Technik Johann Nestroys (1801–1862) auf, »wenn er die terminologische Anmaßung der Alltagsrede im sprachlichen Arrangement hörbar macht, wenn er durch Wortwiederholungen direkte und übertragene Wortbedeutungen konfrontiert, eingeschliffene Redewendungen und Mitteilungsabsicht nebeneinanderstellt« (Doppler 1976, S. 16).

12.8 **Was ich darunter [...] daran glaube ich.**: Mit dem Nachsatz macht Horváth deutlich, was der Marxismus für Martin tatsächlich ist: keine »verstandene« Argumentation, sondern eine Sache des »Glaubens«.

12.10 **Kanzleiobersekretar**: Horváth legt seinen Bühnenfiguren gerne Titel in den Mund, um so deren gesellschaftlichen Status bzw. deren Bewusstsein genauestens zu bestimmen; vgl. z. B. Alfreds ironischen Kommentar zur »Frau Kanzleiobersekretärswitwe« in *Geschichten aus dem Wiener Wald* (SBB 26, S. 14).

12.26–27 **eine Sau abstich**: Vgl. auch Horváths späteres Stück *Geschich-*

ten aus dem Wiener Wald (SBB 26, S. 45, 123), in dem diesem Motiv unter anderen leitmotivischer Charakter zukommt. Der Nachsatz »versaut mir das Wetter« stellt nicht nur ein gelungenes Wortspiel Horváths dar, sondern zeigt zugleich seine bewusste Wortwahl, die verblassten Metaphern durch den entsprechenden Kontext wieder Bildkraft verleiht.

laßts mich aus: (österr.) loslassen, hier: aufhören. Wie bereits in 13.1
Kasimir und Karoline (SBB 28, S. 10, 131) greift Horváth auf diesen Ausdruck und die Möglichkeiten eines Wortspiel zurück, denn die »Republikaner« wollen den Wirt keineswegs aus seiner misslichen Situation »entlassen«.

Tagesbefehl: Mit dem dreifachen Hinweis auf den »Tag« ist der 14.1–2
Gegensatz der beiden feindlichen Gruppen im Bild der Tageszeiten offensichtlich: Dem »deutschen Tag« steht die »italienische Nacht« gegenüber.

um des Mammons willen!: (griech.) wegen des Geldes. Vgl. 14.5–6
Matthäus 6,24: »Ihr könnt nicht Gott dienen und dem Mammon.«

Der ist es [...] ihre Würst zammfrißt!: Horváth zitiert die 14.29–30
»Wurst« hier in einem gelungenen Wortspiel, doch auch in anderen »Volksstücken« geht es um die Wurst, wie etwa in *Kasimir und Karoline* (SBB 28, S. 19) oder in *Geschichten aus dem Wiener Wald* (SBB 26, S. 16, 73).

schwarzweißroten Fetzen: Von 1871 bis 1919 waren 14.32
»Schwarz-Weiß-Rot« die Farben des Kaiserreichs.

Reichsfarben: Als Reichsfarben führte die Weimarer Verfas- 14.34
sung 1919 »Schwarz-Rot-Gold« ein, so dass der Gegensatz zwischen Republikanern und den Republikgegnern klar erkennbar war.

Mephisto: Teufel und zugleich Gegenspieler Fausts in Johann 15.21
Wolfgang Goethes (1749–1832) gleichnamigen Drama (1808/32); Mephistos boshafte List wurde sprichwörtlich.

einen deutschen Tag: Vorbild für diese Veranstaltung könnte 15.26
der »Große Deutsche Abend« gewesen sein, den der »Ortsausschuß für das Volksbegehren gegen den Young-Plan« am 29.10. 1929 in Murnau veranstaltete (vgl. Tworek-Müller 1988, S. 48).

vaterländisch: Horváth gebraucht diesen Ausdruck synonym 15.28
für »völkisch«, d. h. jene Weltanschauung, in der sich praktisch

alle Weltanschauungselemente des Nationalsozialismus nebeneinander finden, vom Antisemitismus über die Idee der Volksgemeinschaft, den Theorien über Blut und Boden bis hin zu neugermanischen Mythen. Vgl. hierzu auch die zusammenfassende Charakteristik des »völkischen Denkens« von Kurt Sontheimer: *Antidemokratisches Denken in der Weimarer Republik. Die politischen Ideen des deutschen Nationalismus zwischen 1918 und 1933*, München ^{2}1983, S. 131 ff.

16.8 **Vorkriegszeit**: Für Horváth spielt diese Zeit vor 1914 für seine eigene Biographie nur die Rolle eines »langweiligen Bilderbuches«; apodiktisch hält er fest: »Mein Leben beginnt mit der Kriegserklärung« (Bd. 11, S. 183).

16.9 **nach links**: Horváth spielt hier mit der Doppelbedeutung des Wortes und legt der Figur nicht nur eine Ortsbeschreibung in den Mund, sondern vielmehr einen Wunsch über die zukünftige Entwicklung des Landes.

16.15 **in den Kolonien**: Auf dieses Motiv deutschnationalen Denkens rekurriert Horváth wiederholt; so fordert Sladek im gleichnamigen Stück: »Wir brauchen unsere Kolonien wieder, Asien, Afrika – wir sind wirklich zuviel. Schad, daß der Krieg aus ist!« (Bd. 2, S. 17). Vgl. auch Horváths Roman *Jugend ohne Gott* und die Erörterung der Frage, warum die Deutschen Kolonien brauchen (Bd. 13, S. 12 f.; SBB 7, S. 10).

16.21 **Das sagt man halt so.**: In solchen Sätzen erweist sich Horváth als der Sammler von Alltagssätzen und eines Jargons, wie ihn auch der Münchner Volkssänger und Komiker Karl Valentin (1882–1948) auf die Bühne brachte. Insofern ist es nur konsequent, wenn Horváth, ohne seinen Namen explizit zu nennen, in einer autobiographischen Notiz über sein neues Volksstück betont: »Diese neue Form dürfte weniger dramatisch sein – sie ist mehr schildernd. Sie knüpft mehr an die Tradition der Volkssänger und Volkskomiker an, als an die Autoren der früheren Volksstücke« (Bd. 11, S. 211). Vgl. zu dieser Art von Leerformeln Goltschnigg 1975, S. 185.

17.1–2 **Zufall**: Es dürfte kein Zufall sein, dass Horváth sich hier an Karl Valentins Überlegungen zum Thema Zufall anlehnt. Der Münchner Komiker hatte in seinem Stück *Tingeltangel* dargelegt, was einen Zufall auszeichnen könnte und wann man unter keinen Umständen von einem Zufall sprechen kann. Vgl. auch Horváths Roman *Der ewige Spießer* (Bd. 12, S. 181).

Fräulein: Aus solchen Situationen entwickelt Horváth in vielen 17.8
seiner Stücke die Handlung, weshalb zuweilen auch von seinen »Fräuleinstücken« die Rede ist; vgl. etwa Herbert Gamper, »Die Zeichen des Todes und des Lebens. Zu bisher kaum beachteten Konstruktionselementen in Horváths vier ›Fräuleinstücken‹«, in: *Theater heute* 15 (1974), H. 3, S. 1–6, wobei der Interpret *Kasimir und Karoline*, *Geschichten aus dem Wiener Wald*, *Glaube Liebe Hoffnung* und *Eine Unbekannte aus der Seine* charakterisiert.

Vgl. zum Motiv »Fräulein und Frau« bei Horváth die Ausführungen Kurt Bartschs in seinem Aufsatz, »›... denn das Weib repräsentiert die Natur‹. Zum Frauenbild im Werk Ödön von Horváths«, in: *Literatur und Kritik* 24 (1989) H. 231/232, S. 52–63.

Weib: Für Horváth war dieser Begriff keineswegs so negativ 17.18
besetzt wie heute. Gleichwohl durchzieht die Frage, was ein Weib sei, Rätsel oder nicht, und wann es sich um ein »wertvolles« handle, Horváths Œuvre. Vgl. etwa zur ersten Frage *Geschichten aus dem Wiener Wald* (SBB 26, S. 46), *Der ewige Spießer* (Bd. 12, S. 225), *Ein Kind unserer Zeit* (Bd. 14, S. 24) sowie zur letzteren *Kasimir und Karoline* (SBB 28, S. 12, 133).

Pardon: Charakteristischer Ausdruck für den Künstler Karl 17.26
(vgl. 17,30; 18,36; 23,4; 23,8; 24,1; 24,3; 25,29; 41,16; 49,12), der gerne seine Französischkenntnisse zum Besten gibt, vgl. 42,7–9; vgl. auch 27,20–21.

ein schlechter Mensch: Auf die abstrakte Kategorie »ein 17.28
Mensch« greifen viele Horváth-Figuren gerne zurück, wie sie auch ansonsten mit Vorliebe auf vorhandenes Sprachmaterial und vorgefertigte Überlegungen zurückgreifen. Vgl. etwa die ähnliche Argumentation Ernas in *Kasimir und Karoline*: »Aber die Menschen wären doch gar nicht schlecht, wenn es ihnen nicht schlecht gehen tät« (SBB 28, S. 61).

meinen Mozart und meinen Kalman: In der Erstfassung, *Ein* 18.27–28
Wochenendspiel, ist noch von »Schumann, Mozart, Kalman und Johann Strauss« (Bd. 3, S. 20) die Rede. Alle genannten Musiker werden von Horváth gerne in seinem Werk zitiert, wobei sich die Beschränkung auf Wolfgang Amadeus Mozart

(1756–1791) und Emmerich Kálmán (1882–1953) mit deren herausragender Bedeutung als Opern- bzw. Operettenkomponisten erklären lässt sowie der Konzentration auf das 18. und 20. Jh. Stehen für ersteren die Opern *Die Entführung aus dem Serail* (1782), *Figaros Hochzeit* (1786), *Don Giovanni* (1787), *Così fan tutte* (1790) sowie *Die Zauberflöte* (1791), so stammen aus Kálmáns Feder die Kompositionen für Operetten wie *Die Csardasfürstin* (1915), *Gräfin Mariza* (1924) oder *Die Zirkusprinzessin* (1926).

18.35 **ein politisch ungebundenes Leben führ –**: Vgl. hierzu die allgemeine Beschreibung der Figur Karl bei Walder 1974, S. 21 ff.

19.6–7 **das Liebesleben in der Natur**: Titel des populärwissenschaftlichen Werkes in drei Bänden von Wilhelm Bölsche (1861–1939). Zwischen 1898 und 1902 erschienen, erreichte *Das Liebesleben in der Natur* nicht zuletzt auch dank einer Neubearbeitung zwischen 1910 und 1930 eine Auflage von knapp 100 000 Exemplaren.

19.8 **Professor Freud**: Dem Begründer der Psychoanalyse Sigmund Freud (1856–1939) kommt im Werk Horváths eine zentrale Rolle zu (vgl. Ian Huish, »›Was gehen mich Deine Perversitäten an, du Sau?‹. Freud's Place in Horvath's Work; or ›Psychoanalytisch hochinteressant‹«, in: *Sprachkunst* 19, 1988, S. 71–80). Aktueller Anlass für den Hinweis auf den Wiener Arzt mag weniger die Verleihung des Goethe-Preises der Stadt Frankfurt an Freud am 28.8.1930 gewesen sein als vielmehr dessen Buch *Das Unbehagen in der Kultur*, das Anfang Januar 1930 erschien.

19.9–12 **um unser Ich [...] Beispiel als Selbstmordtriebe**: Horváth fasst hier seine Lektüreerfahrung des Buches *Das Unbehagen in der Kultur* zusammen, in dem Freud betont: »Die Existenz dieser Aggressionsneigung, die wir bei uns selbst verspüren können, beim anderen mit Recht voraussetzen, ist das Moment, das unser Verhältnis zum Nächsten stört und die Kultur zu ihrem Aufwand [an Energie] nötigt. [...] Die Kultur muß alles aufbieten, um den Aggressionstrieben der Menschen Schranken zu setzen, ihre Äußerungen durch psychische Reaktionsbildungen niederzuhalten« (Sigmund Freud, *Studienausgabe*, hg. v. Alexander Mitscherlich u. a., Frankfurt/M. 1974, Bd. IX, S. 241). Welche Bedeutung dieses Buch für Horváths Werke hatte, zeigt Ingrid

Haag in ihrem Aufsatz »Horváth und Freud. Vom ›Unbehagen in der Kultur‹ zur Dramaturgie des Unheimlichen«, in: Mat. IX, S. 66–83.

Sadismus, Masochismus: Vgl. hierzu *Das Unbehagen in der* 19.13
Kultur, in dem Freud festhält: »Ich erkenne, daß wir im Sadismus und Masochismus die stark mit Erotik legierten Äußerungen des nach außen und nach innen gerichteten Destruktionstriebes immer vor uns gesehen haben, aber ich verstehe nicht mehr, daß wir die Ubiquität der nicht erotischen Aggression und Destruktion übersehen und versäumen konnten, ihr die gebührende Stellung in der Deutung des Lebens einzuräumen« (a.a.O., S. 247).

Lustmord: 1930 publizierte der Arzt und Begründer des Berli- 19.13
ner Instituts für Sexualwissenschaft Magnus Hirschfeld (1868–1935) den Band *Geschlecht und Verbrechen*, in dem er die verschiedensten Formen von Lust- und Sexualmorden beschreibt und analysiert. Vgl. auch Horváths Ausführungen über den »Lustmord« im Roman *Sechsunddreißig Stunden* (Bd. 12, S. 22), die sich an Richard von Krafft-Ebings (1840–1902) Werk *Psychopathia Sexualis*, Wien 1912, anlehnen. Darin betont der Arzt, es sei »zwischen Krankheit (Perversion) und Laster (Perversität)« zu unterscheiden und der Lustmord als Perversion zu sehen, d. h. als eine Krankheit des Geschlechtstriebs.

Urtriebe: Horváth lässt nochmals einen der zentralen Begriffe 19.22
im Freud'schen Denken zitieren, und mittels dieser Art von Zitaten inszeniert er jene Sprechweise, die er später auf den Begriff »Bildungsjargon« bringt. Freuds »Triebİehre« geht – vereinfacht gesprochen – von der Libido als dem zentralem Trieb menschlichen Verhaltens aus, welchem der Todes- oder Destruktionstrieb gegenübersteht.

Hemmung: Nach Freud ein Abwehrmechanismus, der ein Aus- 19.25
leben der einzelnen Triebe verhindert.

Vogel-Strauß-Politik: Bildhafte Umschreibung einer Politik, die 19.26
den Realitäten nicht ins Auge blicken will und stattdessen lieber den Kopf in den Sand steckt.

was du mich jetzt abermals kannst: Höfliche Anspielung auf 19.27
das bekannte Zitat aus J. W. Goethes *Götz von Berlichingen mit der eisernen Hand* (1773): »Er aber, sags ihm, er kann mich im Arsch lecken« (SBB 27, S. 84).

20.3 ***voll von Militärmusik***: Vgl. allgemein zur zentralen Rolle der Musik in Horváths Stücken die informativen Anmerkungen Wilhelm Martin Baumgartners (Mat. IX, S. 154 ff.) sowie im Detail *Kasimir und Karoline* (SBB 28, S. 9, 128) und *Geschichten aus dem Wiener Wald* (SBB 26, S. 149 ff.).

20.3–4 ***Frauenzimmer***: In der Erstfassung, *Ein Wochenendspiel*, war die Charakteristik der zwei Frauen eindeutiger: »Prostituierte« (Bd. 3, S. 23).

20.8 **Irgendein Tier.**: Anspielung auf den Begriff des »hohen Tieres«, sprich einer angesehenen Persönlichkeit, und zugleich ein Hinweis auf ein menschliches Benehmen, das Erstaunen hervorruft. Vgl. hierzu die detaillierten Ausführungen Herbert Gampers zu Horváths *Geschichten aus dem Wiener Wald*: »›Sinds nicht tierisch?‹ Einige der vorbereitenden Überlegungen zum Stück«, in: *Ödön von Horváth. Geschichten aus dem Wiener Wald.* Programmbuch Nr. 7. Württembergische Staatstheater Stuttgart, Stuttgart 1975, S. 8–70.

20.10 ***Fahnen***: Ursprünglich nur einfaches Richtungszeichen in kriegerischen Auseinandersetzungen, wurde die Fahne mit der Zeit zum Symbol der militärischen Ehre und Treue, so dass deren Verteidigung selbst unter Aufopferung des eigenen Lebens als höchste soldatische Pflicht galt.

20.20 **Für mich sind am besten**: Dieses Motiv findet sich auch in Horváths Roman *Der ewige Spießer* (Bd. 12, S. 268), wobei dort – wie auch in der Erstfassung *Ein Wochenendspiel* (Bd. 3, S. 23) – der Hinweis auf »Gemäldeausstellungen« fehlt.

20.28 **Eigentlich ist der Krieg dran schuld.**: Ähnlich argumentiert auch die Figur Eugen in Horváths Roman *Sechsunddreißig Stunden* (Bd. 12, S. 13, 31, 45).

21.1 **ANNA**: Für den heutigen Leser oder Theaterbesucher mag es unerheblich sein, ob Horváths Figuren nach Murnauer Einwohnern gestaltet wurden; so will Dietmar Grieser etwa herausgefunden haben, dass Anna auf Minna als »Urbild« zurückginge, der Schwester einer Murnauer Schirmhändlerin am Untermarkt; Dietmar Grieser, »Ein sogenannter schmucker Markt. Murnau und seine Schauplätze«, in: ders., *Schauplätze österreichischer Dichter. Ein literarischer Reiseführer*, München 1974, S. 118–126, hier S. 121 f. Vgl. zu Horváths Rückgriff auf bestimmte

Namen auch Isabel Raspa, »Die imaginierte Anna. Zur Namenssymbolik und Benennung der weiblichen Figuren bei Horváth«, in: *Prospero* 7 (2000), S. 65–84.

weicht ihren Blicken aus: Vgl. zur Bedeutung der Körpersymbolik in Horváths Stücken im Allgemeinen und die Bedeutung des Blicks im Besonderen die Studie von Johanna Bossinade, »Eros Thanatos in Horváths Volksstück«, in: *Sprachkunst* 19 (1988), S. 43–70, hier S. 61. 21.11

Es kommt alles [...] es kommen muß.: Horváth legt hier ausgerechnet dem vermeintlichen Sozialisten Martin die umgangssprachliche Redewendung in den Mund, mit der sich die Leute in ihr Schicksal fügen und statt die schlechte Situation zu verändern, sich lieber mit dieser arrangieren. 21.23–24

Herrschen tut der Profit.: Mit diesem Slogan markiert Martin seinen politischen Standort, der sich im Jahre 1930 auf Positionen der Sozialdemokratie beziehen konnte, die in ihrem Wahlaufruf zur Reichstagswahl am 14.9.1930 erklärte: »Das Kapital will herrschen durch Diktatur. Demokratie aber ist die Herrschaft des arbeitenden Volkes. [...] Wähler und Wählerinnen, setzt euch zur Wehr [...] gegen die Regierung Brüning, die mit dem Großkapital verbrüdert ist und die Rechte der Arbeiterklasse niederschlagen will!« 21.26

Zur freundlichen Erinnerung.: Mag man Zitate suchen, so mag man auch fündig werden, wie etwa Hajo Kurzenberger, der in der ganzen Argumentation Martins »das leicht verwischte Zitat aus der Genesis mit vulgärmarxistischen Formeln zusammengebunden« (1974, S. 55) sieht. 21.29–30

Metropole: Eigentlich die »Mutterstadt«, doch Martins Hinweis auf »irgendeine Metropole« macht deutlich, dass es ihm weniger darum oder um eine »Hauptstadt« geht als vielmehr um den elementaren Gegensatz zum Schauplatz der Handlung: eine »süddeutsche Kleinstadt«. 22.2

daß ich eine Ausnahme bin: Vgl. hierzu Martin Walders treffende Beschreibung: »Denn er *will* bescheiden wirken, eben in Übereinstimmung mit seiner Idee vom Aufgehen des einzelnen im Dienste des Fortschritts. Die unkontrollierte, aggressive Versicherung seiner Bescheidenheit macht diese einerseits als Masche durchschaubar und beweist andererseits die Verdrängung 22.14

der wirklichen Motive, welchen unmißverständlich der Geltungs*trieb* zugrunde liegt. Die anfänglich nicht durchschaubare doppeldeutige Einheit von im Gesagten ›offiziell‹ Gemeintem sowie, gegensätzlich dazu, unbewußt und wirklich Gemeintem wird – veranlaßt durch die von Martin ›falsch‹, hinsichtlich seiner inneren Wahrheit allerdings ›richtig‹ verstandenen Repliken Annas aus ihrerseits falschem Verstehen – schließlich derart gesprengt, daß in der forcierten Sprache die Verdrängung sichtbar wird« (1974, S. 15).

24.10 **Du hast dich überhaupt sehr verändert.**: Horváth thematisiert die vermeintliche Veränderung seiner Bühnenfiguren öfters, etwa in *Kasimir und Karoline* (SBB 28, S. 60, 143). Daneben zitiert er gerne Friedrich Nietzsches (1844–1900) Satz aus *Jenseits von Gut und Böse. Vorspiel einer Philosophie der Zukunft* (1886) »Nur wer sich wandelt, bleibt mit mir verwandt«, z. B. als Motto des zweiten Teils des Romans *Der ewige Spießer* (Bd. 12, S. 232) sowie in den *Geschichten aus dem Wiener Wald* (SBB 26, S. 100).

24.24 **Ehrenwort!**: Pendant zu »Pardon«; mit beiden Ausdrücken wird die floskelhafte Sprache Karls betont, vgl. 24,33; 35,29; 41,6–8; 48,20.

24.29 **eine passive Resistenz**: Ein weiteres Beispiel für Horváths Inszenierung des »Bildungsjargons«, denn einen »passiven Widerstand üben« ist schlichtweg ein Widerspruch in sich und sagt eigentlich nichts aus, außer der Tatsache, dass man Worte in den Mund genommen hat. Von daher ist es zu viel der hermeneutischen Mühe, wenn in Karls Worten eine Anspielung auf den »passiven Widerstand« gesehen wird, jenem Begriff, zu dem die Reichsregierung unter Kanzler Wilhelm Cuno (1876–1933) die dt. Bevölkerung 1923 während der Besetzung des Ruhrgebiets durch franz.-belg. Truppen aufrief, vgl. Traugott Krischke (Bd. 3, S. 179 f.).

25.12 **wie er dich liebt**: Die Frage nach der »richtigen« Liebe sowie eine mögliche Antwort auf die prinzipielle Frage »Was ist Liebe?« ist für Horváth ein zentrales Sujet in einigen seiner Dramen, vgl. etwa *Geschichten aus dem Wiener Wald* (SBB 26, S. 22).

25.15 **Es tät mich nur interessieren.**: In der österr. und süddt. Umgangssprache wird der Konjunktiv im irrealen Wunschsatz oft mit dem Hilfsverb »tun« statt mit »werden« gebildet.

auf den politischen Strich: Prägnante Formulierung, die Prostitution der Frau im Sinne der politischen Ziele zu rechtfertigen. Das Sujet einer für politische und geschäftliche Zwecke missbrauchten Liebesbeziehung geht auf einen frühen Entwurf zurück, dort allerdings noch auf das Paar »Geliebte–Syndikus« (vgl. Rühle 1972, S. 811). Vgl. allgemein zur Rolle der »käuflichen Liebe« und der »Frau als Ware« in Horváths Werk Belinda H. Carstens, *Prostitution in the Works of Ödön von Horváth*, Stuttgart 1982. 25.17

er hat mich emporgerissen: Horváths Figuren zitieren öfters das Bild vom »Unten und Oben«, um ihren gesellschaftlichen Status zu bestimmen. Die Redeweise erscheint dabei zuweilen sehr abgehoben, wie etwa bei Karoline, wenn sie glaubt: »Aber ich müßte so tief unter mich hinunter, damit ich höher hinauf kann« (SBB 28, S. 74). 25.24–25

Jetzt hab ich einen Inhalt, weißt du?: Vgl. zu diesem Gespräch Martin Walders Charakteristik: »Ohne daß es einem der beiden bewußt würde, haben sich ihre Positionen im Verlauf des Dialogs gerade vertauscht. Dieser ist zum *untergründigen Umschlagplatz von Bewußtseinsinhalten* geworden, von wo aus nun durch Anna die an sich nebensächliche Story des Stücks weiterführt. Der Karl-Strang endet aber nicht etwa damit, daß er mit einer bestimmten dramatischen Auswirkung auf die Story – verursacht durch Karls Bewußtseinsveränderungen – an der entsprechenden Gelenkszene seine Funktion erfüllt hätte« (1974, S. 26). 25.28

den Forderungen des Tages: Mit dem Hinweis auf solch abstrakte Kategorien charakterisiert Horváth einmal mehr seine Figur weniger als politisch bewussten Akteur denn als Träumer, der sich letztlich gerade nicht an den konkreten tagespolitischen Verhältnissen orientiert. Zugleich lässt sich diese Passage auch als ironischer Kommentar Horváths zu den bevorzugten Abend- oder Nachtaktivitäten Karls verstehen. 26.4–5

Sie kümmern sich nicht um Politik?: Vgl. den fast textidentischen Dialog zwischen Reithofer und dem Fräulein in Horváths *Ein Fräulein wird bekehrt* (Bd. 11, S. 129). Hermann Kesten (1900–1996) nahm diesen Text in seine Anthologie 24 *neue deutsche Erzähler* auf, die im Oktober 1929 erschien und von 26.18

Heinrich Mann (1871–1950) eher negativ rezensiert wurde. Auf diese Vorwürfe reagierte Horváth mit seinem Beitrag *»Sie haben keine Seele«* (Bd. 11, S. 193).

26.29–30 **eine Blume einfach nur so abbrech**: Anspielung auf Goethes Gedicht »Sah ein Knab ein Röslein stehn«.

26.35–36 **eine andere Weltanschauung**: Horváth lässt seine Figur wieder einmal den »Bildungsjargon« zitieren, schließlich klingt »Weltanschauung« nach mehr als nur »Ansichten«. Die apodiktische Gegensätzlichkeit von Weltanschauungen lässt keine Diskussion mehr zu; auch Karl Valentin greift in seiner *Tingeltangel*-Szene und der Frage, was denn letztlich einen Zufall ausmache, auf das gleiche Argument zurück, wenn er betont: »Sie ham halt a andere Weltanschauung.«

27.14 **Reichspräsident**: Karls »politisches Quiz« könnte man mit dem Goethe-Zitat »Namen sind doch nur Schall und Rauch« kommentieren, doch Horváth möchte hier ein Verständnis von Politik entlarven, das sich auf das Wissen von Namen beschränkt und sich weniger für die Bedeutung der politischen Verhältnisse und das konkrete Wirken der einzelnen Politiker interessiert. Seit den Reichspräsidentenwahlen von 1925, bei denen Paul von Beneckendorff und von Hindenburg (1847–1934) sich erst im zweiten Wahlgang am 26.4. als Kandidat der Rechtsparteien (DNVP, DVP) mit einer relativen Mehrheit (14,65 Mio. Stimmen) gegen die Kandidaten der Weimarer Koalition Wilhelm Marx (13,75 Mio.) und Ernst Thälmann von der KPD (1,93 Mio.) durchsetzte, war der ehemalige Generalfeldmarschall und Oberbefehlshaber des dt. Heeres Reichspräsident und damit Nachfolger des Sozialdemokraten Friedrich Ebert, der am 28.2.1925 gestorben war.

27.16–17 **Reichskanzler**: Am 30.3.1930 bildete der Zentrumspolitiker Dr. Heinrich Brüning (1885–1970) das erste Reichskabinett der Weimarer Republik, das an keine Regierungskoalition gebunden war. Am 7.10.1931 trat dieses Kabinett zurück, drei Tage später gab Brüning sein zweites Kabinett bekannt, dem er bis zu seinem Rücktritt am 30.5.1932 vorstand.

27.20 **eine Französin**: Horváth spielt hier auf den Patriotismus an, der den Franzosen seit dem Sturm auf die Bastille 1789 zugeschrieben wird.

Reichsinnenminister: Im ersten Kabinett Brünings war der Zentrumspolitiker Dr. Josef Wirth (1879–1956) für Inneres zuständig, d. h. vom 30.3.1930–7.10.1931. 27.24

wieviel Reichsminister haben wir denn: Neben dem Reichskanzler und dem Vizekanzler gab es Minister für folgende Ressorts: Auswärtiges, Inneres, Finanzen, Wirtschaft, Arbeit, Justiz, Wehr, Post, Verkehr, Ernährung, Besetzte Gebiete, ohne Geschäftsbereich. 27.24–25

Denkmal des ehemaligen Landesvaters: Anspielung auf das am 24.8.1894 festlich eingeweihte Murnauer Denkmal für König Ludwig II. (1845–1886), das, gestiftet vom Murnauer Posthalter August Bayerlacher und erbaut vom Münchner Bildhauer Josef Hautmann, mehrmals Ziel von »Farb-Anschlägen« wurde. Ob Horváth sich bei diesem Motiv auch noch durch die Aktion des Murnauer Boxers und Fleischers Ludwig Haller inspirieren ließ, der »im Suff und von der Horváth-Clique dazu angestiftet einen der steinernen Löwen, die Seine bayerische Majestät beschützen, von seinem Sockel hob« (vgl. Dietmar Grieser, *Schauplätze österreichischer Dichtung. Ein literarischer Reiseführer*, München 1974, S. 122), mag bezweifelt werden, schließlich wurde der »Haller Wiggerl« am Ende dazu verurteilt, den Bronzelöwen wieder an die Stelle zurückzuheben. Wahrscheinlicher dürfte die Annahme Tworek-Müllers (1988, S. 58 f.) sein, die ausgehend von einem Bericht im Murnauer *Staffelsee-Bote* vom 23.8.1929 über eine Gedächtnisfeier am König-Ludwig-Denkmal meint, Horváth habe diese Szene »wohl deshalb nachträglich eingefügt, um die tiefe Verwurzelung rechter und linker Bevölkerungskreise in das traditionelle Denken zu veranschaulichen. Denn im Innersten träumen die republikanischen Spießbürger von einer verkappten Monarchie [S. 112] und die Faschisten empfinden die Denkmalschändung als persönliche Ehrverletzung [S. 85].« 28.6–7

bayrischen Präsentiermarsch: Komponiert wurde der Bayerische Defiliermarsch, eigentlich »Avanciermarsch«, von Adolph Scherzer (1815–1864), den Horváth auch in *Kasimir und Karoline* (SBB 28, S. 41) spielen lässt. 28.10

feige Söldner des Geldes: Ideologische Anspielung auf den Juden Sigmund Freud und vulgärpsychologische Deutung dessen Triebtheorie. 29.22

29.34–35 **Das Weib gehört an den heimischen Herd**: Nationalsozialistische Parole, die sich sowohl gegen die Gleichstellung der Frau richtete als auch gegen deren berufliche Aktivitäten. Durch den Rückgriff auf den keineswegs neutralen Begriff des »Weibs« und die Alliteration vom »heimischen Herd« sollte der Gegensatz zur linken Szene markiert werden, die neben einer veränderten Rolle der »Frau im Sozialismus« auch den Internationalismus aller Berufstätigen propagierte.

30.7–8 **ungereimte Torheiten**: Mit dieser Anspielung auf die Dummheit der folgenden Argumentation weist Horváth den Zuschauer bewusst auf deren Widersprüche hin: Entgegen dem Bild einer proletarischen Partei sind deren Mitglieder keine Proletarier, sondern Drogisten, und sie rekrutiert sich nicht aus den »einfachen«, sondern aus den »gebildeten Ständen«.

30.8–9 **keine proletarische Partei**: Hinweis auf den Namen der Partei »NSDAP« – Nationalsozialistische Deutsche Arbeiterpartei – sowie auf die Entstehung und die Ideologie der Partei, die sich anfänglich als nationale Partei der Arbeiter präsentierte, jedoch keineswegs als Interessenvertreter des Proletariats.

30.11 **Drogist**: Horváth wählt hier bewusst den Inhaber einer Drogerie als Beispiel für den »Mittelstand«. Ihm widmete er nicht nur mehrere literarische Werke, etwa den gleichnamigen Roman (vgl. Mat. VIII, S. 179 ff.), sondern ihm entstammten auch viele seiner Bühnenfiguren. In dieser gesellschaftlichen Gruppe sah er nicht zuletzt das Milieu, aus dem die Anhänger der nationalsozialistischen Ideologie sich rekrutierten. Vgl. auch die am 5.1.1931 im *Simplicissimus* abgedruckte Geschichte »Der mildernde Umstand« (Bd. 11, S. 146 ff.), in der Horváth den »Drogist[en] Lallinger« als »begeisterten Nazi« porträtiert, sowie zur »Massenpsychologie des Kleinbürgertums« die Ausführungen Wilhelm Reichs (1897–1957), wobei sich beides teilweise als analytischer Kommentar zum konkreten Verhalten zahlreicher Horváth-Figuren liest. Wilhelm Reichs Charakteristik des Kleinbürgertums und des Faschismus, der »von seiner Massenbasis her gesehen, in der Tat eine Mittelstandsbewegung war«, findet sich neben zahlreichen anderen Bestimmungen dieser Bevölkerungsgruppe in dem von Gerd Stein herausgegebenen Band *Philister – Kleinbürger – Spießer*, Frankfurt/M. 1985, S. 106 ff.

Blondmädel: Inbegriff des nationalsozialistischen »Schönheitsideals«, wie es etwa der »Rasseforscher« Hans Friedrich Karl Günther (1891–1968) in seinen Arbeiten *Rassenkunde des deutschen Volkes* (1922), *Der nordische Gedanke des deutschen Volkes* (1925), *Adel und Rasse* (1927) sowie *Kleine Rassenkunde des deutschen Volkes* (1928) präsentierte. 30.19

der Jude in den Krieg hineinschlittern lassen: Zentrales nationalsozialistisches Argument für ihren Antisemitismus, das Adolf Hitler (1889–1945) in *Mein Kampf* (1925) so begründete: »So ist der Jude heute der große Hetzer zur restlosen Zerstörung Deutschlands. Wo immer wir in der Welt Angriffe gegen Deutschland lesen, sind Juden ihre Fabrikanten, gleich wie ja auch im Frieden und während des Krieges die jüdische Börsen- und Marxistenpresse den Haß gegen Deutschland planmäßig schürte, so lange, bis Staat um Staat die Neutralität aufgab und unter Verzicht auf die wahren Interessen der Völker in den Dienst der Weltkriegskoalition eintrat.« 30.20–21

unsere Erneuerung: Nationalsozialistische Kampfparole, wonach die NS-Politik auf die konsequente »Erneuerung« Deutschlands zielte und dieser Staat dadurch eine »neue Rolle« innerhalb der Weltmächte spielen sollte. 31.3

Materialismus: Horváth legt hier dem Faschisten bewusst den weltanschaulich weit gefassten Begriff des »Materialismus« und nicht den politisch engeren des »Marxismus« in den Mund, um so die politischen Gegensätze um 1930 deutlicher zu machen: hier der Kampf für hehre Ziele, für die Ideale der privilegierten Nation, und dort der Kampf ums tägliche Brot und für ein besseres Leben in allen Ländern. 31.6

Zimbern und Teutonen: Eigentlich eine widersprüchliche Aussage: Zimbern als Angehörige eines germ. Volksstammes sind immer auch Teutonen, denn dieser Begriff bezeichnet letztlich die Gesamtheit aller germ. Stämme. Insofern wurden die Teutonen zum Inbegriff des Deutschen, d. h. von Personen, die in ihrem Verhalten und ihrem Aussehen dt. Werte repräsentieren und als typisch dt. wahrgenommen werden. 31.17

Der Gott, der Eisen wachsen ließ!: Anspielung auf das »Vaterlandslied« (1812) von Ernst Moritz Arndt (1769–1860), dessen erste Strophe lautet: »Der Gott, der Eisen wachsen ließ, / Der 31.23–24 wollte keine Knechte, / Drum gab er Säbel, Schwert und Spieß / Dem Mann in seine Rechte, / Drum gab er ihm den kühnen Mut, / Den Zorn der freien Rede, / Daß er bestände bis aufs Blut, / Bis in den Tod die Fehde.«

31.24–25 **Deutschland erwache!**: Kampfruf der Nationalsozialisten, der häufig in Sprechchören zu hören war, wobei nach dem Zuruf »Deutschland« eines Einzelnen die Masse im Chor antwortete: »erwache!«. Die Parole selbst geht auf das zweistrophige Gedicht Dietrich Eckarts (1868–1923) »Sturm, Sturm, Sturm – Deutschland erwache« (1919/23) zurück, das mit dem Ausruf endet »Deutschland erwache!«.

31.26 ***Hakenkreuzlied***: 1923 schrieb Ottokar Kernstock (1848–1928) auf Ersuchen der neugegründeten NSDAP-Ortsgruppe Fürstenfeld für deren Fahnenweihe das »Hakenkreuzlied«; das Lied wurde wenig später auf Postkarten und in Zeitungen im gesamten deutschsprachigen Raum verbreitet. Die dritte Strophe lautet: »Das Hakenkreuz im weißen Feld / Auf feuerrotem Grunde / Hat uns mit stolzem Mut beseelt / Es schlägt in unsrer Runde / Kein Herz, das feig die Treue bricht / Wir fürchten Tod und Teufel nicht / Mit uns ist Gott im Bunde.«

32.4 **Ich weiß nicht, was soll es bedeuten**: Ironischerweise lässt Horváth ausgerechnet die Faschisten ein Lied singen, dessen Text von dem dt.-jüd. Schriftsteller Heinrich Heine (1797–1856) stammt. 1823 entstanden, war diese Eingangszeile des zweiten Gedichts in der Gedichtsammlung »Die Heimkehr« im ersten Band der *Reisebilder* (1826) zu lesen. Die Melodie dazu schrieb Friedrich Silcher (1789–1860), der zahlreiche »Volkslieder« populär vertonte.

32.10–11 **Zum Rhein [...] zum deutschen Rhein –**: Zitat aus dem Lied »Die Wacht am Rhein!« (1840), dessen erste Strophe lautet: »Es braust ein Ruf wie Donnerhall, / Wie Schwertgeklirr und Wogenprall: / Zum Rhein, zum Rhein, zum deutschen Rhein, / Wer will des Stromes Hüter sein? / Lieb' Vaterland, magst ruhig sein, / Fest steht und treu die Wacht am Rhein!« Der Text stammt von Max Schneckenburger (1819–1849), die Melodie (1854) von Carl Wilhelm (1815–1873).

32.17 **Heil!**: Seit 1925 war »Heil Hitler« der offizielle Gruß der Nationalsozialisten.

»Stolz weht die Flagge schwarz-weiß-rot«: Erste Strophe des »Deutschen Flaggenliedes« der wilhelminischen Marine mit dem Text: »Stolz weht die Flagge Schwarz-Weiß-Rot / von unserer Schiffe Mast; / Dem Feinde weh', der sie bedroht / Der diese Farbe haßt! / Sie flattert an der Heimat Strand / Im Winde hin und her, / Und weit vom deutschen Vaterland / Auf sturmbewegtem Meer! / Ihr woll'n wir treu ergeben sein, / Getreu bis in den Tod, / Ihr woll'n wir unser Leben weih'n, / Der Flagge Schwarz-Weiß-Rot! / Hurra!« Der Text stammt von Robert Linderer (1824–1886), die Melodie von Richard Thiele (1847–1903). 32.19–20

unsere Nachtübung: Anregung für dieses Motiv könnten die Geländeübungen der Reichswehr im Frühjahr 1929 in der Murnauer Gegend gewesen sein (vgl. Tworek-Müller 1988, S. 50). Durch den wiederholten und genauen Hinweis darauf, dass die Übungen in der Nacht stattfinden (vgl. 37,7; 44,13–14) wird der Gegensatz zu den Aktivitäten der »Republikaner« und ihrer »italienischen Nacht« besonders hervorgehoben. 32.22

Bolschewiken: Horváth greift auf diesen Begriff als Synonym für Kommunisten häufig zurück, etwa in *Geschichten aus dem Wiener Wald* (vgl. SBB 26, S. 28). 32.25

Japaner: Anspielung Horváths auf Art. 156 des Versailler Friedensvertrags, in dem es heißt: »Deutschland verzichtet zugunsten Japans auf alle Rechte, Ansprüche und Vorrechte – insbesondere soweit sie auf das Gebiet von Kiautschau, die Eisenbahnen, die Bergwerke und Unterseekabel Bezug haben, die Deutschland auf Grund seines Vertrages mit China vom 6. März 1898 sowie durch alle sonstigen die Provinz Schantung betroffenen Abkommen erworben hat.« 33.21–22

viele Feinde haben, weil das doch eine Ehre ist: Anspielung auf die Redensart »Viel Feind, viel Ehr«, dem Wahlspruch Georgs von Frundsberg (1473–1528), Kriegsoberster von Maximilian I. (1493–1519). 33.28–29

Gladiatorenmarsches: Komponiert wurde der »Einzug der Gladiatoren« vom tschech. Militärkapellmeister Julius Fucik (1872–1916), einem Schüler Anton Dvoráks (1841–1904). 34.13

Schicksal: Mit dem Begriff »Schicksal« verklären Horváths Figuren mitunter ihre wahren Handlungsmotive, vgl. z. B. in *Ka-* 34.22

simir und Karoline (SBB 28, S. 13, 134), *Geschichten aus dem Wiener Wald* (SBB 26, S. 29) oder im Roman *Der ewige Spießer* der Hinweis auf »ewige Gesetze« (Bd. 12, S. 211).

35.7 **Française**: Franz. Gesellschaftstanz im 6/8-Takt, bei dem sich die Tanzpartner anfangs in einer Reihe gegenüberstehen. Dieser Tanz gilt hier auch als Symbol einer vermeintlichen Internationalität, d. h., während der »italienischen Nacht« wird von Deutschen eine »Française« getanzt.

36.6 **radikal**: Im Gegensatz zu Betz' Spruch »Es ist halt alles relativ«, der das ganze Stück durchzieht, charakterisiert Horváth Martin erst gegen Ende mit dieser Vokabel (vgl. 46,7; 52,7; 65,33).

36.18 **Angestellte**: Wie später in *Kasimir und Karoline* (SBB 28, S. 33, 137) zitiert Horváth die um 1930 weithin verbreitete Vorstellung einer gesellschaftlichen Diskrepanz zwischen Arbeitern und Angestellten. In Wirklichkeit war die zunehmende ökonomische Verschlechterung der Angestellten offensichtlich, die dennoch an ihrer besonderen gesellschaftlichen Position ideell festhielten, was nicht zuletzt in den Artikeln Siegfried Kracauers (1889–1966) in der *Frankfurter Zeitung* deutlich wurde, die 1930 als Buch unter dem Titel *Die Angestellten. Aus dem neuen Deutschland* erschienen. Vgl. zum Bewusstsein der Angestellten auch Horváths Darstellung im Roman *Der ewige Spießer* (Bd. 12, S. 139).

37.31 **Trautes Heim, Glück allein.**: Vgl. zur Funktion dieses dt. Sprichworts die zwei Aufsätze Goltschniggs (1975, S. 189; in: Bartsch 1976, S. 55–66).

37.32 **Die Grundlage des Staates**: Vgl. zur Problematik des Staates auch Horváths späten Roman *Jugend ohne Gott* (SBB 7, S. 45, 191).

37.33 **Was Schönres kann sein als ein Lied aus Wien.**: Erste Zeile des »Liedes aus Wien« aus dem Singspiel *Das Dreimäderlhaus* (1916) nach Melodien von Franz Schubert (1797–1828); Musik von Heinrich Berté (1857–1924), Text von Alfred Willner (1859–1929) und Heinz Reichert (1877–1940): »Was schön'res könnts sein als ein Wiener Lied, / Was jauchzt so im Herzen und geht ins Gemüt / Was stimmt uns so fröhlich, ob arm, ob reich / Und macht uns den Engeln im Himmel gleich: / Das singende, klingende, / Fröhlichkeit bringende, / Herzen bezwingende / Lied aus Wien!«

Du stellst einen [...] ein falsches Licht.: Vgl. zur Charakteristik 38.26
der hier benutzten Stereotypen Goltschnigg 1975, S. 182 f.

Wenn du zum Weibe [...] die Peitsche nicht.: Zitat aus Friedrich 38.35–36
Nietzsches *Also sprach Zarathustra. Ein Buch für Alle und Kei-
nen* (1883 ff.). Horváth griff gerne auf dieses Buch zurück, v. a.
auf die Vorstellung, das Weib sei ein Rätsel (vgl. z. B. *Geschich-
ten aus dem Wiener Wald*, SBB 26, S. 159).

diese ewigen Sterne: Horváth verwies des Öfteren auf die Ver- 39.9
gänglichkeit und Nichtigkeit des Menschen mit Blick auf die
Bedeutung der Gestirne, vgl. z. B. *Sladek oder Die schwarze Ar-
mee* (Bd. 2, S. 79), *Kasimir und Karoline* (SBB 28, S. 19), *Ge-
schichten aus dem Wiener Wald* (SBB 26, S. 40) sowie *Hin und
Her* (Bd. 7, S. 416 f.).

Nichts. Gott hat doch einen feinen Geschmack.: Horváth greift 39.12–13
auf die Bestimmung des Menschen als »ein Nichts« mehrmals in
seinem Werk zurück, vgl. z. B. *Eine Unbekannte aus der Seine*
(Bd. 7, S. 120) sowie *Der ewige Spießer* (Bd. 12, S. 166).

ein Tagwerk: Feldmaß, das einem Morgen oder Joch ent- 39.18
spricht, d. h. einer Fläche, die mit einem Gespann Ochsen an
einem Tag gepflügt werden kann.

eine Ballade von Löwe: Karl Loewe (1796–1869) vertonte zahl- 40.21
reiche romantisch-heroischen Balladen, wie z. B. »Erlkönig«,
»Heinrich der Vogler«, »Archibald Douglas« oder »Prinz Eu-
gen«. Wie bereits bei anderen Passagen könnte auch hier Karl
Valentin Pate gestanden haben, sei es sein komischer Vortrag
»Die Uhr von Loewe«, sei es der Auftritt der Soubrette im Stück
Tingeltangel.

Honny soit qui mal y pense!: Wahlspruch des engl. Hosenband- 42.7
ordens: »Ein Schuft, wer Schlechtes dabei denkt.« Dieser höchs-
te brit. Orden verdankt seine Stiftung angeblich König
Eduard III. (1327–1377), als dieser einmal mit dem franz. Satz
ein aufgefundenes Strumpfband seiner Besitzerin zurückgab.
Vgl. auch Horváths Roman *Sechsunddreißig Stunden* (Bd. 12,
S. 38).

›**Blume und Schmetterling**‹: Laut Auguste (Gustl) Schneider- 42.22
Emhardt, der ersten Frau Lajos von Horváths, wurden im Mur-
nauer Strandhotel »rauschende Karnevalsfeste« gefeiert, bei de-
nen neben ihr und ihrem Bruder auch die Gebrüder Horváth,

Ödön und Lajos, sich gerne verkleideten. Dabei wählten die Brüder die Motive »Blume und Schmetterling«.

42.26–27 ***affektierten Kitsch***: Fast eine Tautologie, handelt es sich doch bei Kitsch meist um etwas Gekünsteltes. Welche Bedeutung Kitsch für Horváths Œuvre spielt, zeigt Horst Jarka in seiner Studie »Ödön von Horváth und das Kitschige«, in: *Zeitschrift für deutsche Philologie* 91 (1972), H. 4., S. 558–585.

43.21–22 **das Kommunistische Manifest**: 1847/48 verfassten Karl Marx (1818–1883) und Friedrich Engels (1820–1895) im Auftrag des »Bundes der Kommunisten« die politische Programmschrift *Manifest der Kommunistischen Partei*, das 1848 zunächst anonym in London erschien, 1872 dann in Leipzig mit einer expliziten Vorrede von Marx und Engels. Dieser Text kann als programmatische Begründung der Theorie und Praxis eines Kommunismus gelten. Ausgehend von der These, »Die Geschichte aller bisherigen Gesellschaft ist eine Geschichte von Klassenkämpfen«, entwickeln Marx und Engels zentrale Gedanken des Marxismus, wonach mit der Abschaffung des Privateigentums an den Produktionsmitteln durch die Revolution des Proletariats die kapitalistische Gesellschaft ihr Ende findet und das Ziel einer klassenlosen Gesellschaft zur Aufgabe der Arbeiterklasse wird. An diese wendet sich die Programmschrift, und an sie ergeht am Ende der Aufruf: »Proletarier aller Länder, vereinigt euch!«

44.1 **EIN FREMDER KAMERAD**: Mit dem Hinweis »aus Magdeburg« soll angedeutet werden, dass dieser Mann direkt aus der Zentrale kommt, denn Magdeburg war Gründungsort und zentraler Sitz des »Reichsbanners Schwarz-Rot-Gold«.

45.11–12 **unerschütterlichen Friedenswillen**: Der Hinweis auf den »Willen«, dem unmittelbar jener auf die »Macht der sittlichen Idee« folgt, erweist sich der Stadtrat einmal mehr weniger als Materialist denn als »Idealist«, dem Ideen wichtiger sind als die gesellschaftlichen, d. h. ökonomischen, sozialen und politischen Verhältnisse.

45.12 **Bajonette**: Eine zuerst in der franz. Stadt Bayonne hergestellte Waffe, genauer: eine auf das Gewehr aufsetzbare Hieb-, Stoß-, und Stichwaffe mit Stahlklinge oder ein Seitengewehr. Horváth greift hier auf eine Formulierung seines Stücks *Sladek oder Die* *schwarze Armee* (Bd. 2, S. 112) zurück und möglicherweise auf eine Argumentation des SPD-Politikers Otto Braun (1872–1955), als dieser in einer Wahlkampfrede 1919 sich von den Aktionen des »Spartakus« mit den Worten distanzierte: »Die alte sozialdemokratische Partei stützt sich nicht auf Bajonette und Maschinengewehre, sondern in der Hauptsache auf das Vertrauen der großen breiten Volksmassen und auf das Vertrauen zu der werbenden Kraft der sozialistischen Ideen« (zit. n. Grenville 1987, S. 411).

Sprüch: Mit dieser Antwort betont Horváth stets den politischen Gegensatz, weshalb er bereits in *Revolte auf Côte 3018* den Hinweis auf »die Befreiung der Arbeiterklasse« einfach kommentieren lässt: »Des san Sprüch« (Bd. 1, S. 61). 45.17

Wir wollen keine Waffen [...] im Krieg verloren!: Der Antimilitarismus des Stadtrats speist sich – so Horváths Bild – weniger aus der politischen Überzeugung, dass der Krieg nicht im Interesse der Arbeiter sein kann, als vielmehr aus rein privaten Gründen. 45.18–20

Genau wie 1914!: Anspielung auf die Haltung der Sozialdemokraten, die 1914 entgegen ihrem programmatischen Antimilitarismus gleichwohl für die Bewilligung der Kriegskredite stimmten. 45.27

erwachen wir morgen: Hinweis Martins auf den ruhigen Schlaf der Republik, den der Stadtrat zu Beginn des Stücks verspricht, sowie durch den anschließenden Nachsatz auf die parallelen Aktivitäten: Während die Faschisten ihre »Nachtübungen« abhalten, feiern die Republikaner ihre »italienische Nacht«. 45.34–35

im heiligen römisch-mussolinischen Reich deutscher Nation!: Horváth verweist hier gleich auf zwei historische Ereignisse: zum einen auf den Begriff »Heiliges Römisches Reich Deutscher Nation« (962–1806) und auf den »Marsch nach Rom« des ital. Faschistenführers Benito Mussolini (1883–1945), der am 31.10.1922 mit dem Sieg der Nationalisten und Faschisten Italiens – der »Duce« (Führer) Mussolini wurde Ministerpräsident und gleichzeitig Innen- und Außenminister Italiens – endete. 45.35–36

Alsdann: ich möchte [...] die Mitteilung machen: Mit diesem Satz, statt der simplen Form »ich möchte dir nur sagen«, gibt 47.12–13

Horváth ein schönes Beispiel dafür, was er später als seine Aufgabe nannte: »den Bildungsjargon sprechen lassen« (Bd. 11, S. 219).

47.32 **verjagten Dynastien**: Anspielung auf eines der zentralen Ergebnisse der Weimarer Verfassung von 1919: die Aufhebung der Fürstenherrschaft.

47.33–34 **Denkmäler**: Anspielung auf die vielen nationalen Denkmäler, mit denen an Könige und Aristokraten gedacht werden sollte und die für den Verfechter eines demokratischen Staates unzeitgemäß erscheinen.

48.35–49.1 **Die historischen Gesetze [...] Dreck um Privatschicksale**: Horváth markiert hier Martins Argumentation als vulgärmaterialistisch, wonach es stets die ökonomischen Gesetze sind, die für das Verhalten der einzelnen Personen entscheidend sind. Das Private erscheint determiniert durch die ökonomischen Naturgesetze, denn das »Sein« der Menschen bestimmt letztlich das »Bewusstsein«. Auch in *Figaro läßt sich scheiden* (Bd. 8, S. 156) findet sich die Passage: »und der Einzelne spielt leider keine Rolle, Gesetz ist Gesetz.« Ähnliches ist in Horváths Roman *Ein Kind unserer Zeit* (Bd. 14, S. 50, 60, 118, 120) zu lesen.

49.35 **Diese Spießer**: Für Horváth war diese Personengruppe von zentraler Bedeutung, schließlich widmete er ihr seinen ersten Roman *Der ewige Spießer* (Bd. 12). Darin heißt es in der Vorrede: »Der Spießer ist bekanntlich ein hypochondrischer Egoist, und so trachtet er danach, sich überall feige anzupassen und jede neue Formulierung der Idee zu verfälschen, indem er sie sich aneignet« (S. 129).

50.18 **hochdeutsch**: Horváth geht es hierbei weniger um eine sprachgeschichtliche oder linguistische Beschreibung als um die Charakteristik einer »geschwollenen« und unnatürlichen Redeweise, die keinerlei Bezug zur realen Situation und ihrer Sprecher aufweist.

50.33 **ein Fleck**: Vgl. hierzu Mariannes Amulett in *Geschichten aus dem Wiener Wald* (SBB 26, S. 54), das Alfred ähnlich irritiert wie Martin Annas Fleck.

52.22–23 **in seinem Training gestört**: Bei dieser Passage greift Horváth auf seine Prosaarbeiten zurück, etwa *36 Stunden* (Bd. 12, S. 72) und *Der ewige Spießer* (Bd. 12, S. 254).

Es gibt einen Gott: Horváth gefiel die Vorstellung, Gott in Verbindung mit einer bestimmten Geldsumme zu bringen, so sehr, dass er dies sowohl im Stück *Rund um den Kongreß* (Bd. 1, S. 228) als auch *Zur schönen Aussicht* (Bd. 1, S. 186) thematisiert. Vgl. zu diesem Thema auch die umfangreiche Studie von Stefan Heil, *Die Rede von Gott im Werk Ödön von Horváths*, Ostfildern 1999. 53.7

Ich hab viertausend Mark: Das Motiv der Verschränkung ideeller und materieller Motive, sprich Liebe und Geld, greift Horváth im Dialog Mariannes mit Alfred in *Geschichten aus dem Wiener Wald* (SBB 26, S. 41) erneut auf. 53.11

ist nun korrekt gesprengt: Horváth sah in einer Variante des Schlusses auch eine handgreifliche Auseinandersetzung zwischen den Faschisten und den Kameraden um Martin vor (vgl. »Varianten«, S. 77 f.), die rückblickend Parallelen zur Saalschlacht zwischen Sozialdemokraten und Nationalsozialisten am 1.2.1931 in der Murnauer Gaststätte Kirchmeir aufweist, die Horváth als Zeuge erlebte und die er bei zwei Gerichtsterminen detailliert schildern musste (vgl. Mat. I, S. 23 ff.; Mat. IV, S. 74 f.). Aufgrund der Entstehungs- und Aufführungsgeschichte – das Stück hatte bereits am 20.3. 1931 Premiere – ist die Annahme, Horváths Szene basiere auf »eigenem Erleben« der erwähnten Schlägerei, wie sie in mehreren Studien lange Zeit vertreten wurde, so nicht mehr aufrechtzuerhalten. 54.3

Was tun, spricht Zeus.: Scherzhafter Ausdruck einer Ratlosigkeit, der auf Friedrich Schillers (1759–1805) Gedicht »Die Teilung der Erde« (1795) zurückgeht. 54.9

Und wenn die Welt voll Teufel wär: Anspielung auf Martin Luthers (1483–1546) Lied »Ein' feste Burg ist unser Gott« (1529), wo es in der dritten Strophe heißt: »Und wenn die Welt voll Teufel wär / Und wollt uns gar verschlingen, / So fürchten wir uns nicht so sehr, / Es soll uns doch gelingen. / Der Fürst dieser Welt, / Wie sau'r er sich stellt, / Tut er uns doch nichts, / Das macht, er ist gericht', / Ein Wörtlein kann ihn fällen.« 54.11–12

Kameraden, wir bleiben und weichen nicht: Vgl. hierzu Ingrid Haag, die alle drei Ansprachen des Stadtrats (vgl. 34,19–34; 45,3–9; 54,11–14) vergleicht, um dann festzuhalten: »Horváth läßt die pathetische Durchhalteparole sofort in ironischer Be- 54.13–14 leuchtung erscheinen durch den lapidaren Zusatz ›bis zur Polizeistund‹, der die Idee der Gemeinschaft bereits relativiert, indem er sie in zeitliche Begrenzung setzt. Die ›harte Fügung‹ von hoher und niedriger Stilebene ist eine der wichtigsten sprachlichen Entlarvungstechniken Horváths« (Haag, »Ödön von Horváth und die ›monströse Idylle‹«, in: *Recherches germaniques* 6, 1976, S. 165).

54.14 **Polizeistund**: Zeitpunkt, an dem Gaststätten geschlossen werden müssen und nach dem ein Aufenthalt polizeilich verboten ist.

54.20–21 **was von einer Republik geträumt**: Mit dem Hinweis auf den *Traum* von einer Republik versucht Horváth eindringlich, sein Publikum und die Leser darauf hinzuweisen, den Blick eher auf die Realität zu lenken.

54.29 **Haferltarock**: Anspielung auf den Topf, das Haferl, in welchem sich das Geld befindet, um das beim Tarock gespielt wird.

55.9 **Und das Licht leuchtet in der Finsternis**: Nach Joh. 1,5: »Und das Licht scheint in der Finsternis, und die Finsternis hats nicht begriffen.«

55.32 **Der schönste Tod**: Anspielung auf den Sinnspruch des Horaz (65–8 v.Chr.): »Dulce et decorum est pro patria mori«, wonach es »süß und ehrenvoll« sei, »für das Vaterland zu sterben«. Dieses Zitat findet sich in abgewandelter Form in zahlreichen Gedichten und Liedern wieder, etwa in einem Wandervogellied, wo es heißt: »Kein schönrer Tod ist in der Welt / als wer vorm Feind erschlagen [...].«

55.33 **Ich kenn kein [...] ich sterben möchte.**: Adeles pragmatischer Lebenswille und ihr gesunder Menschenverstand erweisen sich hier näher an den Zielen einer linken Politik als alle Proklamationen der versammelten Schutzbundmitglieder und machen auch den Gegensatz zum proklamierten »Idealismus« ihres Mannes deutlich (vgl. S. 45 f.).

57.17 **Alfons Ammetsberger**: Vgl. zur Charakteristik des Stadtrats, der hier erstmals namentlich genannt wird, die Ausführungen Walders 1974, S. 17 ff. Die Faszination des ersten Buchstabens im Alphabet dürfte wohl die Namenswahl der Bühnenfiguren bestimmt haben, denn seine Frau heißt Adele, Martins Freundin Anna.

erotische Sprüch: Horváth lässt den Wirt hier beiläufig eine Geschichte der Graffitis entwickeln, die diese als Ideologeme versteht, d. h., die Sprüche präsentieren einen bestimmten ideologischen Inhalt. In dieser Passage sah Norbert Falk bei der Premiere »eines der komischsten Momente des an komischen Situationen und witzigen Kontrastierungen reichen Stücks« und kommentierte die Prognosen des Wirtes: »Mag er Recht behalten!« (Mat. XI., S. 96). Auch Mennemeier sieht in den Worten des Wirts »das sozusagen am meisten Horváthsche Wort des ganzen Stücks«, weshalb es sich lesen lässt »als eine witzige und in der liberalen Formulierung gewiß nicht spießige Umschreibung einer vielleicht etwas spießigen Sehnsucht nach den guten alten Zeiten und der behaglichen Lebenslust ihrer durch demokratische Politik noch ungestörten italienischen Nächte« (1975, S. 27). 57.32

Unsere Weste ist weiß.: Zitat nach einer Äußerung Otto von Bismarcks (1815–1898) zu Helmuth Graf Moltke (1800–1891), wonach die Deutschen »keinen Flecken auf der weißen Weste« hätten und sie daher nicht kritisiert werden könnten, da sie sich nichts zuschulden kommen ließen. 59.11

eine verkehrte Welt: Redewendung und feststehendes Bild, das die Narrheiten und Dummheiten der Menschen beschreibt. Pieter Bruegel d.Ä. (1525–1569) hat die »verkehrte Welt« auf seinem großen Redensartenbild von 1559 an ein Narrenwirtshaus als Aushängeschild gemalt. 59.18

Der Mensch hat [...] von Natur aus: Vgl. zu dieser Tautologie als die »komprimierteste Form des Klischees« Goltschnigg 1975, S. 193. Horváth legt seinen Figuren gerne die Argumentation mit abstrakten Kategorien in den Mund, etwa Sladek am Schluss des gleichnamigen Stückes: »Ich bitte mich als Menschen zu betrachten und nicht als Zeit« (Bd. 2, S. 141), oder dem Rittmeister in *Geschichten aus dem Wiener Wald*: »Sie sind kein Mensch« (SBB 26, S. 84). 60.1–2

ein schwaches Rohr im Winde: Vgl. Lk. 7,24, Matthäus 11,7. Horváth verwendete dieses biblische Bild mehrfach in seinem Werk, vgl. etwa *Hin und Her* (Bd. 7, S. 114) und *Kasimir und Karoline* (SBB 28, S. 49). 60.5–6

In diesem Sinne [...] unsere italienische Nacht!: Die Feigheit des 60.12–13

Stadtrats kann als typische Eigenschaft des »Spießers« gelten, dessen Charakteristik Horváths gesamtes Werk wie ein roter Faden durchzieht; nicht zufällig trägt seine erste Buchpublikation den Titel *Der ewige Spießer* (1930); vgl. hierzu auch die Dissertation von Riccardo Franchi, *Der Spießer und seine Sprache. Eine Untersuchung von Ödön von Horváths Werk*, Zürich 1982.

60.14 **Wo ist mein Hut?**: Einmal mehr lässt Horváth zwei Sprachebenen aufeinander prallen: den lat. Ausdruck und die profane Frage, um so die Widersprüchlichkeit seiner Figuren offen zu legen.

61.23 **Mich beutet er aus, mich!**: Horváth lässt Adele hier den wichtigsten Begriff benutzen, der nach marxistischer Ansicht das Verhältnis zwischen »Kapitalist« und »Proletarier« bestimmt: Ausbeutung. Insofern stellt sie sich durch die Verwendung aller drei Begriffe – wobei die Abkürzung »Prolet« weniger abwertend zu verstehen ist als vielmehr kämpferisch – als die »bessere« Marx-Kennerin dar, wenigstens im Vergleich zu ihrem Mann; zugleich kann Horváth an diesem Fall – wenn man weniger an die »Marxistin« glaubt als vielmehr an die »Frau Stadtrat« – erneut zeigen, wie häufig Personen einfach das wiedergeben, was sie gehört haben. Insofern liegt die Ironie Horváths darin, dass Adele auf diese zentralen marxistischen Kategorien nicht zurückgreift, um die gesamtgesellschaftlichen Verhältnisse zu beschreiben, sondern um den Privat- und Ehemann Alfons Ammetsberger prägnant zu charakterisieren.

62.12 **Ich möchte das Wort ergreifen!**: Mit der wortwörtlichen Wiederholung dieser einleitenden Worte (vgl. 10,2; 59,24) erweist sich auch Kranz als politischer Phrasendrescher, dem Floskeln (»sozusagen«) und Repetition (»Anhang«) wichtiger als klare Worte sind.

62.32–33 **überstürzter Ausschluß wieder [...] gemacht werden soll**: Horváth plante verschiedene Varianten für den Schluss des Stückes; vgl. »Varianten«, S. 72, sowie zu Horváths Problemen, sein Drama zu beenden, Kurzenberger 1974, S. 97 ff.

63.16 **DER MAJOR**: Sucht man nach konkreten Vorbildern für diese Figur, so wird man in Murnau fündig. Major Pöppl, ehemaliger Kämpfer in der dt. Kolonie Südwest-Afrika, dem heutigen Namibia, war bekannt dafür, dass er auch im Alltag seine Südwest-Uniform trug. Er gründete in Murnau den »Verein für das Deutschtum im Auslande«, dem 1927 bereits 99 Erwachsene und 90 Schüler angehörten (vgl. Tworek/Salmen 2001, S. 50 ff.).

in ehemaliger Kolonialuniform: Anspielung auf die Soldaten 63.16
und Mitglieder der ehemaligen »Schutztruppen« in den Kolonien, die sich in der Weimarer Republik teilweise im »Deutschen Kolonialverein« organisierten.

Wir sind radikal unschuldig!: Indem Horváth diesen Satz aus- 63.27
gerechnet jener Figur in den Mund legt, die ihn kurz zuvor (vgl. 59,29) noch mit »Hört, hört!« kommentierte, wird die Hohlheit dieser Argumentation besonders hervorgehoben.

Es ist halt alles relativ –: Vgl. 11,10; 39,14; 56,4. Vgl. hierzu 63.31
auch die verschiedenen Schlussvarianten (»Varianten«: 72,27; 74,25; 75,3; 79,2) in denen Martin jeweils diesen Satz kommentiert und zuletzt entschieden zurückweist. »Du mit deiner Relativität! Du bist vielleicht schon relativ, aber nicht ich!« (79,3–4)

Rache für Straßburg!: Bereits in den beiden Stücken um *Sladek* 63.33
(Bd. 2, S. 13, 96) zitiert Horváth dieses politische Symbol für die im Friedensvertrag von Versailles (abgeschlossen am 28.6.1919, aber erst am 10.1.1920 in Kraft getreten) festgelegte Abtretung des seit 1871 zu Deutschland gehörenden Gebietes.

Pension: Horváth griff häufig auf dieses Motiv v. a. mit Blick 65.13
auf die gesicherte Stellung der Beamten zurück, d. h., der gesicherte Lebensabend der Beamten sollte den Gegensatz zur unsicheren Situation der Arbeiter und Angestellten, wie etwa in *Kasimir und Karoline* (SBB 28, S. 14, 28), markieren.

Riesiger Tumult vor dem Gartenlokal: Gegenüber einer frühe- 65.21
ren Schlussvariante, in der Horváth die Auseinandersetzung noch im Gartenlokal in Szene setzt (vgl. »Varianten«, S. 77), wird von der Auseinandersetzung zwischen den Faschisten und Martins Kameraden hier nur berichtet. Vgl. auch Horváths Schilderung einer Schlägerei während einer NSDAP-Versammlung in *Der mildernde Umstand* (Bd. 11, S. 146 ff.), die am 5.1.1931 im Satireblatt *Simplicissimus* zu lesen war. Vorbild dafür wie auch für die Szene im Stück könnte eine Schlägerei in Oberammergau gewesen sein, über die der Murnauer *Staffelsee-Bote* am 13.9.1930 berichtete (vgl. Tworek-Müller 1988, S. 60).

65.33–34 **Wir haben es halt wieder einmal geschafft!**: In früheren Varianten des Schlusses hatte Martin noch einen »neuen Schutzbund« (vgl. »Varianten«, S. 74) gegründet, war sogar als »neuer« und »junger Führer« (75,9–12; 79,6–9) bejubelt worden und seine überragende Stellung nicht zu überhören: »Wir überlassen dir nämlich gerne die Führerrolle und werden nur dann reden, wenn wir gefragt werden. – So wie sichs alten Leuten geziemt« (ebd., S. 137 f.).

65.35–66.1 **Von einer akuten Bedrohung der demokratischen Republik**: Vgl. 9,24–25. Auf die Kreisfigur als Strukturprinzip seiner Stücke greift Horváth auch in *Geschichten aus dem Wiener Wald* (SBB 26, S. 9, 150) und *Kasimir und Karoline* (SBB 28, S. 147) zurück.

66.5 **kann die Republik ruhig schlafen**: Grenville (1987, S. 409) zufolge könne für die Zuschauer im Jahr 1931 die einzige Schlussfolgerung aus dem Ende des Stückes nur sein, dass die Nazis möglicherweise das nächste Mal gewinnen würden.

66.6 **Gute Nacht!**: Ein knappes letztes Wort (vgl. 10,1), das Mennemeier ebenso knapp als »ein Wort von symbolischem Wert« kommentiert: »Es erweist den Autor als Mann sicherer politischer Prognose: Da die Demokraten schliefen, konnte Hitler an die Macht gelangen« (1975, S. 26).

Ödön von Horváth

Gesammelte Werke. Kommentierte Werkausgabe in 14 Bänden und einem Supplementband. Herausgegeben von Traugott Krischke unter Mitarbeit von Susanna Foral-Krischke. Auch einzeln erhältlich.

- Band 1: **Zur schönen Aussicht und andere Stücke.** st 3333. 339 Seiten. (3-518-39833-4)
- Band 2: **Sladek.** st 3334. 178 Seiten. (3-518-39834-2)
- Band 3: **Italienische Nacht.** st 3335. 201 Seiten. (3-518-39835-0)
- Band 4: **Geschichten aus dem Wiener Wald.** st 3336. 246 Seiten. (3-518-39836-9)
- Band 5: **Kasimir und Karoline.** st 3337. 159 Seiten. (3-518-39837-7)
- Band 6: **Glaube Liebe Hoffnung.** st 3338. 158 Seiten. (3-518-39838-5)
- Band 7: **Eine Unbekannte aus der Seine und andere Stücke.** st 3339. 487 Seiten. (3-518-39839-3)
- Band 8: **Figaro läßt sich scheiden.** st 3340. 217 Seiten. (3-518-39840-7)
- Band 9: **Don Juan kommt aus dem Krieg.** st 3341. 171 Seiten. (3-518-39841-5)
- Band 10: **Der jüngste Tag und andere Stücke.** st 3342. 455 Seiten. (3-518-39842-3)
- Band 11: **Sportmärchen und andere Prosa.** st 3343. 296 Seiten. (3-518-39843-1)
- Band 12: **Der ewige Spießer.** st 3344. 440 Seiten. (3-518-39844-X)
- Band 13: **Jugend ohne Gott.** st 3345. 182 Seiten. (3-518-39845-8)
- Band 14: **Ein Kind unserer Zeit.** st 3346. 272 Seiten. (3-518-39846-6)

NF 407b/1/6.01

- Supplementband I: **Himmelwärts und andere Prosa aus dem Nachlaß.** Herausgegeben von Klaus Kastberger. st 3347. 180 Seiten. (3-518-39847-4)

In den Romanen des Jahrhunderts

Ein Kind unserer Zeit. Roman. st 2716. 113 Seiten. (3-518-39216-6)

In der Suhrkamp BasisBibliothek

Jugend ohne Gott. Kommentar: Elisabeth Tworek. SBB 7. 210 Seiten. (3-518-18807-0)

Materialien

Horváths »Geschichten aus dem Wiener Wald«. Herausgegeben von Traugott Krischke. st 2019. 226 Seiten. (3-518-38519-4)

Horváths »Jugend ohne Gott«. Herausgegeben von Traugott Krischke. st 2027. 265 Seiten. (3-518-38527-5)

NF 407b/2/6.01

Suhrkamp BasisBibliothek
Text und Kommentar in einem Band

»Die Suhrkamp BasisBibliothek hat sich längst einen Namen gemacht. Als ›Arbeitstexte für Schule und Studium‹ präsentiert der Suhrkamp Verlag diese Zusammenarbeit mit dem Schulbuchverlag Cornelsen. Doch nicht nur prüfungsgepeinigte Proseminaristen treibt es in die Arme der vielschichtig angelegten Didaktik, mit der diese unprätentiösen Bändchen aufwarten. Auch Lehrer und Liebhaber vertrauen sich gerne den jeweiligen Kommentatoren an, zumal die Bände mit erschöpfenden Hintergrundinformationen, Zeittafeln, Entstehungsgeschichten, Rezeptionsgeschichten, Erklärungsmodellen, Interpretationsskizzen, Wort- und Sacherläuterungen und Literaturhinweisen gespickt sind.«
Frankfurter Allgemeine Zeitung

Jurek Becker. Jakob der Lügner. Kommentar: Thomas Kraft. SBB 15. 351 Seiten

Thomas Bernhard. Erzählungen. Kommentar: Hans Höller. SBB 23. 171 Seiten

Bertolt Brecht. Leben des Galilei. Kommentar: Dieter Wöhrle. SBB 1. 191 Seiten

Bertolt Brecht. Mutter Courage und ihre Kinder. Kommentar: Wolfgang Jeske. SBB 11. 185 Seiten

Georg Büchner. Lenz. Kommentar: Burghard Dedner. SBB 4. 155 Seiten

NF 279/1/1.02

Adelbert von Chamisso. Peter Schlemihls wundersame Geschichte. Kommentar: Thomas Bitz und Lutz Hagestedt. SBB 37. 130 Seiten

Annette von Droste-Hülshoff. Die Judenbuche. Kommentar: Christian Begemann. SBB 14. 136 Seiten

Max Frisch. Andorra. Kommentar: Peter Michalzik. SBB 8. 180 Seiten

Max Frisch. Biedermann und die Brandstifter. Kommentar: Heribert Kuhn. SBB 24. 142 Seiten

Max Frisch. Homo faber. Kommentar: Walter Schmitz. SBB 3. 301 Seiten

Max Frisch. Wilhelm Tell für die Schule. Kommentar: Walter Obschlager. SBB 29. 150 Seiten

Johann Wolfgang Goethe. Götz von Berlichingen. Kommentar: Wilhelm Große. SBB 27. 243 Seiten

Johann Wolfgang Goethe. Die Leiden des jungen Werthers. Kommentar: Wilhelm Große. SBB 5. 222 Seiten

Grimms Märchen. Kommentar: Heinz Rölleke. SBB 6. 136 Seiten

Hermann Hesse. Demian. Kommentar: Heribert Kuhn. SBB 16. 233 Seiten

Hermann Hesse. Siddhartha. Kommentar: Heribert Kuhn. SBB 2. 192 Seiten

NF 279/2/1.02

Hermann Hesse. Der Steppenwolf. Kommentar: Heribert Kuhn. SBB 12. 306 Seiten

Hermann Hesse. Unterm Rad. Kommentar: Heribert Kuhn. SBB 34. 220 Seiten

E. T. A. Hoffmann. Das Fräulein von Scuderi. Kommentar: Barbara von Korff-Schmising. SBB 22. 149 Seiten

E. T. A. Hoffmann. Der goldene Topf. Kommentar: Peter Braun. SBB 31. 157 Seiten

Ödön von Horváth. Geschichten aus dem Wiener Wald. Kommentar: Dieter Wöhrle. SBB 26. 168 Seiten

Ödön von Horváth. Jugend ohne Gott. Kommentar: Elisabeth Tworek. SBB 7. 210 Seiten

Ödön von Horváth. Kasimir und Karoline. Kommentar: Dieter Wöhrle. SBB 28. 147 Seiten

Franz Kafka. Der Prozeß. Kommentar: Heribert Kuhn. SBB 18. 352 Seiten

Franz Kafka. Das Urteil und andere Erzählungen. Kommentar: Peter Höfle. SBB 36. 150 Seiten

Franz Kafka. Die Verwandlung. Kommentar: Heribert Kuhn. SBB 13. 134 Seiten

Rainer Maria Rilke. Die Aufzeichnungen des Malte Laurids Brigge. Kommentar: Hansgeorg Schmidt-Bergmann. SBB 17. 304 Seiten

NF 279/3/1.02

Friedrich Schiller. Kabale und Liebe. Kommentar: Wilhelm Große. SBB 10. 190 Seiten

Friedrich Schiller. Wilhelm Tell. Kommentar: Wilhelm Große. SBB 30. 200 Seiten

Arthur Schnitzler. Leutnant Gustl. Kommentar: Ursula Renner-Henke. SBB 33. 80 Seiten

Theodor Storm. Der Schimmelreiter. Kommentar: Heribert Kuhn. SBB 9. 190 Seiten

Martin Walser. Ein fliehendes Pferd. Kommentar: Helmuth Kiesel. SBB 35. 200 Seiten

Frank Wedekind. Frühlings Erwachen. Kommentar: Hansgeorg Schmidt-Bergmann. SBB 21. 148 Seiten

NF 279/4/1.02

NF 320/1/5.01

Hermann Hesse
Demian
Kommentar: Heribert Kuhn
SBB 16. 220 Seiten

»Heribert Kuhns Kommentar erweist sich als gehaltvolle, fordernde und inspirierende Anleitung zum Verständnis des Romans. Als *die* Leseausgabe für Studierende kann dieser Band daher unbedingt empfohlen werden.«
Literatur in Wissenschaft und Unterricht

Hermann Hesse
Der Steppenwolf
Kommentar: Heribert Kuhn
SBB 12. 306 Seiten

»... Der 50 Seiten umfassende Kommentar allein lohnt die Anschaffung dieses Textes. Er ist auch ideal für eine Klassenlektüre.« *lesenswert*

Rainer Maria Rilke
Die Aufzeichnungen des Malte Laurids Brigge
Kommentar: Hansgeorg Schmidt-Bergmann
SBB 17. 300 Seiten

»Den größten Teil des Kommentars machen jedoch Wort- und Sacherklärungen aus; da sie nicht stichwortartig im Telegrammstil gehalten sind, erklären sie vorzüglich auch komplexe Zusammenhänge.«
Neue Zürcher Zeitung

NF 320/2/5.01

Hermann Hesse
in der Suhrkamp Basisbibliothek

Siddhartha
Kommentar: Heribert Kuhn
SBB 2. 192 Seiten

»Die Aufbereitung ist außerordentlich gelungen, die Kommentare klug und verständlich.« *Frankfurter Rundschau*

»... so vielseitige, sachlich animierende Kommentare, daß die Bände ganz zu Recht als Originalausgaben bezeichnet werden.« *Süddeutsche Zeitung*

»Die Zeiten, in denen das Wünschen noch geholfen hat, sind – zumindest für Schüler und Studenten – noch nicht vorbei. Denn was dieser immer wieder frisch nachwachsenden Zielgruppe jetzt geboten wird, darf sich zu Recht als ›zeitgemäße Form der Wissensvermittlung‹ bezeichnen. Die vorzüglich edierten Werke der Suhrkamp BasisBibliothek werden nicht nur durch kluge Kommentare und einen übersichtlichen Informationsapparat abgerundet, sie sind schon vom Textbild her auf kreatives Arbeiten angelegt.« *radio kultur, SFB & ORB*

NF 333/1/1.02

Hermann Hesse
in der Suhrkamp Basisbibliothek

Der Steppenwolf
Kommentar: Heribert Kuhn
SBB 12. 306 Seiten

»Ein 50 Seiten umfassender Kommentar lohnt allein die Anschaffung dieses Textes. Er ist auch ideal für eine Klassenlektüre. Neben den notwendigen Wort- und Sacherläuterungen findet der Leser viele Hinweise für eine gelungene Interpretation.« *lesenswert*

Demian
Kommentar: Heribert Kuhn
SBB 16. 220 Seiten

»Heribert Kuhns Kommentar erweist sich (ebenso wie diejenigen zu den anderen Hesse-Texten der Suhrkamp BasisBibliothek, die sich allesamt bestens ergänzen) als gehaltvolle, fordernde und inspirierende Anleitung zum Verständnis des Romans. Als *die* Leseausgabe für Studierende kann dieser Band daher unbedingt empfohlen werden.« *Literatur in Wissenschaft und Unterricht*

NF 333/2/1.02